Winfried Fischer • Klaus-Peter Wende

Barocke Küchenfreuden
Köstliche alte Rezepte neu gekocht

rosenheimer

Register.
Was in diesem koch-buch für allerhand speisen zu finden seynd.

Zur Geschichte des Kochbuches 8

Von allerhand suppen.

Mandelsuppe 15
Jägersuppe 17
Biersuppe 17
Schmalzsuppe mit Morcheln 18
Weinsuppe 19
Soße über gebratene Hühner 20
Soße über Zunge 21
Rosmarinsuppe 21
Königssuppe 22
Erbsensuppe 23
Polnische Soße 24
Weiße Hühnerbrühe 25
Passierte Fischsuppe 25
Hechtsuppe 27
Huhn in grüner Brühe 28
Kapaunsuppe 28
Kräutersuppe 29
Zitronensoße 29
Käsesuppe 30
Suppe mit kleinen Vögeln 31
Schwarze Suppe über Schweinwildbret 33
Weichselsuppe 34
Pistaziencreme 34
Altdeutsche Fastensuppe 35

Haferflockensuppe 36
Gerstenschleim 36

Von allerley koch- und muß.

Zitronenmus 39
Pistazienbrei 40
Mandelmus 41
Quittensoufflé 42
Apfelmus 43
Erdbeermus 43
Spanisches Apfelmus 44
Barbesbeermus 45
Rosenmus 45
Rosinenmus 46
Braunes Feigenmus 47

Allerhand milch.

Spanische Milch 48
Ein Igel von Mandeln 49

Von allerhand sultzen oder gallerten.

Hechtsülze 50
Fischsülze 51

Register.

Rote Kornblumensülze über Forellen 51
Lebkuchensoße 52
Nußsülze 52

Von allerhand würsten, knödel, strudel, ꝛc.

Geflügelleber-Würste 53
Speckknödel 53
Gefüllte Weichsel- oder Kirschsemmel 54
Gezupfte Knödel 55
Pfannkuchen 55
Brünner Zwetschgenknödel 56

Von allerhand warmen speisen.

Leberpastete 57
Lammbraten, gedämpft 58
Rindfleisch mit grünen Kräutern 59
Frikassierte Hähnchen 60
Spinat auf niederländische Art 61
Gefüllte Birnen 61
Gefüllte Äpfel 62
Gedämpfte Leber 63
Eine gute Speise von weichen Hirschgeweihen 63
Gefülltes Kraut 64

Allerhand gebratenes.

Gefüllter Kapaun 65
Gebratene Gamskeule 66

Allerhand back-werck.

Gebackene Feigen 68
Hollerkücherl 68
Quittenstraubeln 69
Apfelkücherl 69
Gebackener Salbei 70
Gebackene Regenwürmer 71
Gebackene Rosen 71

Von allerhand pasteten und torten.

Kardinals-Pastete 73
Englische Pastete 75
Brabantische Pastete 76
Prinzeß-Pastete 77

Von allerhand torten.

Spinattorte 78
Romanische Crostada 79
Kräutertorte 80

Allerhand speisen von fischen.

Hecht in Polnischer Soße 81
Gefüllter Hecht 82
Pastete mit Hechtkraut 82
Hecht in Kapernsoße 83
Gefüllter Stockfisch 84
Gedünstete Karpfenzungen 84
Lachs in Polnischer Soße 87
Gebratener Fisch 87
Karpfen in gelber Soße 88
Marinierter Hecht 88
Hecht auf andere Art 89
Gebratene Meerspinnen 90
Fischpflanzerl 91

Register.

Krebsbutter 91
Gefüllte Krebse 93
Muschelsuppe 94
Muschelsuppe auf eine andere Manier 94
Eingemachter Biber 95
Eine rare Fisch-Ohli zu machen 96
Gespickte Schnecken 98
Gehackte Schnecken 98

Von allerley sachen.

Geselchter Rastraunschlegel 99
Westfälischer Schinken 100
Eine Kunst, allerhand Vögel einzuweichen 101

Von candirten und eingemachten sachen.

In Most eingemachte Früchte 102
In Honig eingemachte Früchte 103
Kandierte Kräuter und Blumen 104
Muskatlebkuchen 105
Lebkuchen von grünen Pomeranzen 106
Nürnberger Lebkuchen 107

Magenstritzel 108
Eingemachte rote Quittenspalten 109
Eingemachte Hagebutten 110
Durchsichtiges Quittenmus 112
Zitronenschnitten 113
Kandierte Zwetschgen 114
Eingemachte Welschnüsse 115
Hobelscheite 116
Durchsichtiger Rosenzucker 116
Böhmische Busserl 117
Eingelegte Kirschen 117
Musketier-Brot 118
Aufgelaufene Schokolade 119
Gemeiner Marzipan 120
Bauern-Krapfen 121

Folget kürtzlich beschrieben die Ordnung, wie man sich im essen und trincken verhalten soll 123

Ungewöhnliche Ausdrücke, Gewürze und Kräuter, Maße und Gewichte 124
Register der Stichwörter
Original-Register aus dem Granat-Apfel-Kochbuch 134
Meine Lieblingsgerichte 140

Fürstliches Gelage im 17. Jahrhundert
Der erste Gang zum Frühmahl am Fleischtag
Holzschnitt von Jost Amman

Zur Geschichte des Kochbuches

»Ein neues und nutzbahres Koch-Buch, in welchem zu finden, wie man verschiedene herrliche wohl-schmäckende Speisen von gesottenen, gebratenen und gebackenen, als allerhand pasteten, torten, krapffen etc. sehr künstlich und wohl zurichten wie auch allerhand eingemachte sachen bereiten solle«, dies ist der Titel eines süddeutschen Kochbuches, welches 1709 in Leipzig gedruckt wurde. Das Originalbuch scheint ein bewegtes Leben hinter sich zu haben, denn es erlebte mehrere Auflagen in den wichtigsten Druckorten der damaligen Zeit.

Die schon früh gesammelten handschriftlichen Kochrezepte und Kräuteraufzeichnungen wurden nach der Erfindung der Buchdruckkunst zusammengetragen und von mehreren Fürsten in Druck gegeben. Die Rezepte wurden auch damals von Küchenmeistern verfaßt. Ein gewisser Hauch von internationaler Küche ist bereits zu spüren. Es ist nicht zu verwundern, war doch der südeuropäische Raum mit den urbanen Zentren Wien, Prag, Nürnberg, Augsburg, Innsbruck und Basel, um nur einige zu nennen, Schauplatz lebhaftester Handelstätigkeit zwischen Süd und Nord, und West und Ost.

Koch-Buch.

Die ersten gedruckten Kochbücher, so zum Beispiel das »New Kochbuch« des Marx Rumpolt, einem Mainzischen Koch, 1581 in Frankfurt herausgegeben, waren mit Illustrationen reich geschmückt. In ihnen wurden nicht nur die Rezepte wiedergegeben, sondern eingehendst die Speisenfolgen und Tischordnungen der Kaiser und Könige, Erzherzöge und Fürsten, Barone und Edelleute.

Der diesem Buch zugrunde liegende Originaltext wurde von einer »Hoch-adelichen Person« für adelige Kreise zusammengetragen. Dieser Text war dem ab 1699 in mehreren Ausgaben des 1696 erstmals erschienenen populärmedizinischen »Freywillig-aufgesprungenen Granat-Apffels des Christlichen Samaritans« der Eleonora Maria Rosalia von Lichtenstein beigefügt. Zu diesem Buch fand man in der Steiermärkischen Landesbibliothek einen direkten Vorläufer zum »Granat-Apffel«-Kochbuch: »Ein Koch- und Artzney-Buch«, das 1686 in Graz gedruckt wurde, es enthält bereits alle Rezepte, die im »Granat-Apffel«-Kochbuch wieder erscheinen. Dieses Buch war mundartlich stark gefärbt. Die Autoren dieser beiden Bücher dürften von einander gewußt haben, sind aber nicht identisch.

Die Rezepte zeugen von der damals internationalen Verkettung des europäischen Adels. So findet man neben einheimischen Gerichten fremdländische Speisen, wie: Polnische Suppe, Pistazienbrei, Spanisches Apfelmus, Brabantische Pasteten, Romanische Crostada, Westphälischer Hammen oder Schinken, Böhmische Busserlein.

Erstaunlich beim Lesen dieser Rezepte ist es, wie viele Spezialitäten, seien es Gewürze, Meeresfrüchte, Obst und Gemüse damals bereits verwendet wurden; kulinarische Zutaten, die scheinbar erst heute durch die starke Vermischung der europäischen Völker wieder bekannt werden, waren damals schon im Gebrauch.

Der Transport und die Lagerung dieser Lebensmittel und Spezialitäten mußten hervorragend organisiert gewesen sein. So führten die

Importeure in ihren Lagern Pomeranzen, Limonen, Mandeln, Pistazien, Reis und Zibeben, spanischen, französischen, italienischen und ungarischen Wein, Käse aus Holland, Gewürze aus Indien, aber vor allem die im Mittelmeerraum gebräuchlichen, wie Rosmarin, Thymian und Estragon.

Die Zeit des Dreißigjährigen Krieges war vorbei, die letzten Türkeneinfälle wurden abgewehrt, in Süddeutschland und in der österreichisch-ungarischen Monarchie konnte sich das barocke Leben in voller Pracht entfalten. Die Großmacht der Habsburger garantierte eine ruhigere gesellschaftliche Entwicklung als bisher.

Dem Luxus der Kleidung, in der Küche und beim Essen waren kaum noch Grenzen gesetzt. Gefeiert wurde bei jedem Anlaß. Dazu gehörte natürlich ein entsprechendes Essensritual. Ein gewöhnliches Essen einer »fürstlichen Tafel« mußte mindestens acht Gänge haben. Wobei die einzelnen Gänge drei bis sechs Gerichte umfaßten.

Dazu trank man deutsche und erlesene ausländische Weine, und dies nicht wenig. Es gab aber auch köstliche Spezial- und Einzelgerichte, wie in diesem Buch beschrieben: »Eine rare Fisch-ohli zu machen«.

Koch-Buch.

Aus 531 Rezepten des »Granat-Apffel«-Kochbuchs wurden vom Herausgeber in Zusammenarbeit mit einem bekannten Münchener Küchenchef 122 Rezepte ausgewählt. Die meisten davon sollten in der heutigen Küche nachgekocht werden können, mit Zutaten, die ohne große Schwierigkeiten überall zu erhalten sind. Aber auch solche Rezepte sollten aufgenommen werden, die für die damalige Zeit typisch und für heutige Vorstellungen ungewöhnlich sind. So findet man Speisen mit folgenden Bezeichnungen: Ein kräfftiges rosen-muss, Rothe Kornblumen-Sültze, Regen-würm zu backen, eine Speise von Karpffen-zungen, eingemachter biber und Meerspinnen zu kochen.

Dieses wieder neu verlegte Kochbuch sollte praktisch sein, für vier Personen rezeptiert, soweit es notwendig war. Leichte Veränderungen und Anpassungen, dem heutigen Gesundheitswissen entsprechend, wurden vorgenommen. So werden zum Beispiel leichtere Fette und Öle empfohlen. Dies ist aber aus den neu formulierten Rezepten ersichtlich, die auch in einem heute gebräuchlichen Deutsch verfaßt sind. Die Gegenüberstellung der alten und neuformulierten Rezepte ist sicherlich von besonderem Reiz.

Alle Rezepte wurden für vier Personen nachgekocht, so daß man mit viel Freude und eigener Fantasie, die ja beim Kochen unbedingt dabei sein soll, einen kulinarischen Ausflug in die ausgehende mittelalterliche und in die beginnende Barockzeit machen kann.

Manche sprachliche Hürde mußte bei der Bearbeitung dieser Rezepte genommen werden, seien es Begriffe, die heute unbekannt sind und deshalb nachgeschlagen werden mußten, seien es Maße und Gewichte, die heute nicht mehr gebräuchlich sind und daher umgerechnet werden mußten. Im Anhang dieses Buches findet sich ein entsprechendes Register.

Die Einteilung des Kochbuches wurde bei dieser Neuauflage nicht verändert. Die einzelnen Hauptüberschriften wurden beibehalten. Es mag für den aufmerksamen Leser manchmal nicht ganz verständ-

Koch Buch.

Küchenmeister früherer Zeit

lich sein, wenn zum Beispiel unter Suppen auch Soßen und Cremes aufgeführt werden oder, wenn gehackte Schnecken den Fischgerichten zugeordnet werden. Entweder war die erste Zuordnung des »Granat-Apffel«-Kochbuchs unsystematisch oder die Begriffe wurden vor gut 250 Jahren anders verstanden. Der Leser mag daher die alte historische Einteilung akzeptieren.

Die ursprünglich im Originalkochbuch nicht enthaltenen Illustrationen – alte schöne Holzschnitte – stammen aus der Entstehungszeit der Rezepte um das Jahr 1581, welche dem Kochbuch Marx Rumpolts (Bayer. Staatsbibliothek, München) entnommen wurden. Allen Liebhabern besonderer Schmankerln wünschen wir Guten Appetit!

Der Herausgeber und sein Küchenmeister
Winfried Fischer und Klaus-Peter Wende

Freywillig aufgesprungener

Granat=Apffel

des Chriſtlichen Samariters.
Oder:
Aus Chriſtlicher liebe des nächſten eröffnete

Geheimniſſe

vieler vortrefflicher bewährter artzneyen, aus berühmter
leib-ärtzten, oder Medicin-Doctorn, lang gepflogener erfahrenheit
von
Der Durchlauchtigen Hertzogin, Fürſtin und Frauen,
Frauen ELEONORA MARIA ROSALIA
Hertzogin zu Troppau und Jägerndorff,
gebohrner Fürſtin zu Lichtenſtein ꝛc.
zuſammen getragen.
Samt einer Diæt, wie ſich bey jeder kranckheit in eſſen und
trincken zu verhalten;
Wie auch

einem neuen Koch=Buch,

Leipzig, bey Thomas Fritſchen, 1709.

Ein neues und nutzbahres

Koch=Buch,

In welchem zu finden,
wie man verschiedene herrliche und
wohl=schmäckende speisen
von
gesottenen, gebratenen und geba=
ckenen, als allerhand pastetten, torten, krapffen, 2c.
sehr künstlich und wohl zurichten/
wie auch
allerhand eingemachte sachen
bereiten solle.

Samt einer kurtzen ordnung/ wie man sich täglich in essen
und trincken verhalten solle, damit nicht unzeitige kranck=
heiten verursachet werden,
von
Einer Hoch = Adelichen Persohn
zusammen getragen und in druck gegeben.

Von allerhand suppen.

Eine gute mandel-suppe zu machen.

Es sollen gar kleine bereitete mandeln genommen werden, hernach soll man im frischen wasser geweichte semmeln wohl ausdrücken, und unter die mandeln stossen, und mit gesottenem wasser oder fleisch-suppe durchtreiben, daß es eine dicke mandel-milch wird; darnach soll man es zuckern, und einen sud thun lassen, weil es siedet, mit dem löffel wohl klopffen, und solche auf gebähte semel-schnitten anrichten. Wenn man will, daß diese suppe nicht stopffen soll, so kan man ein wenig weitzene kleien im wasser oder suppe sieden, und solche mandeln mit durchtreiben, in welchem fall man es aber nicht mit zucker anmachen darff.

Mandelsuppe

3 Semmeln
150 g Mandelgries
1 l Fleischbrühe
120 g Zucker

Die in Wasser eingeweichten Semmeln gut ausdrücken und unter die feingeriebenen Mandeln mengen. Die Fleischbrühe aufkochen und über die ausgedrückten Semmeln mit Mandeln gießen. Es muß sich eine dicke Mandelmilch bilden. Das Ganze langsam kochen lassen und mit dem Kochlöffel gut verrühren. Die Suppe nach Belieben mit Zucker abschmecken.

Von allerhand suppen.

Fürstliche Jagd, Holzschnitt von Jost Amman

Die jäger-suppe zu machen.

Man soll hauß-brodt auffschneiden, wie zu einer schmaltz-suppe, und in eine schüssel richten, darnach soll man von einem braten, es sey kälbern, schöpsen oder wildprät, etwas gar klein hacken, und auf das brodt sträuen, hernach wieder eine lage brodt, und wieder gehackten braten, biß die schüssel voll wird, darnach eine heisse fleisch-suppe darauff giessen, daß es naß wird, und heiß schmaltz oder speck darauf brennen; man muß auch zuweilen ein wenig pfeffer darzwischen sträuen, und also auf den tisch geben, ist gar gut.

Jägersuppe

1,5 l Fleischbrühe	200 g Graubrot
150 g Kalbfleisch oder Wildfleisch gebraten	1 Prise Pfeffer
	50 g Speck

Graubrot in kleine Scheiben schneiden, gebratenes Kalb-, Wild-, oder Lammfleisch feinhacken und alles lagenweise mit etwas Pfeffer in eine Terrine geben. Anschließend mit einer heißen kräftigen Fleischbrühe auffüllen und ausgelassenen Speck dazugeben.

Eine gute bier-suppe.

Man soll gutes bier nehmen, und wann es gar bitter und starck ist, mit wasser mischen, und darunter vier eyer-dotter einrühren, und hernach gute milch-sahne oder rahm, also wohl mit einander abklopffen, und sieden, und wañ mans will anrichten, ein gutes stücklein butter darein zergehen lassen, und das brodt, darauf mans anrichtet, gewürffelt schneiden.

Biersuppe

1 l helles Bier mit vier Eigelben gut verrühren. 0,2 l Sahne hinzufügen und alles unter ständigem Rühren bis zum Siedepunkt erhitzen. Aber nicht kochen lassen. Mit einem Teelöffel Butter verfeinern und mit gewürfeltem Brot servieren.

Schmaltz-suppe von maurachen oder morcheln.

Nehmt sauber gereinigte maurachen, schneidet überzwerch eines messerrückens dicke ringel daraus, thuts in einen hafen oder topff, schneidet petersilgen und bertram darzu, pfeffer und saltz, giest darauff drey oder vier schöff-löffel voll gute fleisch-suppe, lasts darein sieden, alsdann schneidet etwas weniger als zu einer schmaltz-suppe rockenes brodt auf, und richtet die gesottenen maurachen darauff an, die suppe muß nicht zu trucken auch nicht zu naß seyn, darnach den schmaltz heiß gemacht, darüber gebrennt, und ein wenig gepfeffert.

Schmalzsuppe mit Morcheln

60 g getrocknete Morcheln einweichen, gut waschen und in Ringe schneiden, mit geschnittener Petersilie, Estragon, Salz und Pfeffer in 1 l guter Fleischbrühe sieden. 4 halbe Scheiben Roggenbrot in eine Terrine geben und die Morcheln mit der Brühe damit auffüllen. Etwas heißes Schmalz dazugeben und mit frisch gemahlenem Pfeffer abschmecken.

Von allerhand suppen.

Wein-suppen zu machen.

Man soll süssen und sonst guten wein nehmen, und darunter zween löffel voll frisch wasser, drey oder vier eyer-dotter, und süssen milch-rahm oder sahne also wohl abrühren, darnach etwas schmaltz in einer pfane wohl warm machen und die suppe darein schütten, zucker, muscaten-blüthe und saffran darein thun, und wohl den vierdten theil lassen einsieden; die wein-suppen seynd gar schädlich, wann sie nicht wohl gesotten seyn, seynd auch nicht gut.

Weinsuppe

1 Fl. Weißwein (Mosel), 0,7 l
4 Eigelb
0,2 l Sahne
150 g Zucker

1 Prise Muskatblüte
1 Prise Safran
20 g Schmalz

Unter 0,7 l Weißwein (Mosel) vier Eigelb gut verrühren und 0,2 l Sahne darunter mischen. Etwas Schmalz in einem Topf erwärmen und mit der Suppe auffüllen. Zucker, eine Prise von Muskatblüte und Safran hinzufügen und unter ständigem Rühren eine Weile langsam kochen lassen. Weinsuppen sollten immer etwas kochen. Sie sind dann bekömmlicher, und der Geschmack der Gewürze kann sich besser entfalten.

Von allerhand suppen.

Ein gutes süpplein über gebratene hüner.

Man soll etwas schmaltz lassen heiß werden, und zucker darein rösten, daß er gleich hart wird, darnach wasser daran giessen, muscaten‑blüthe, pfeffer, ingber und zimmet, und ein wenig geriebene semmel darzu thun, und sieden lassen, und darnach frische lemonien‑schaalen daran schneiden, und nimmer sieden lassen.

Soße über gebratene Hühner

10 g Schmalz
70 g Zucker
½ l Wasser oder Hühnerbrühe
1 Prise Muskatblüte
1 Prise Pfeffer
1 Prise gemahlener Zimt
1 Prise gemahlener Ingwer
1 EL Semmelbrösel
½ Stück abgeriebene Zitronenschale

Das Schmalz in einer Pfanne erhitzen. Darin Zucker zu Karamel rösten und mit Wasser oder Hühnerbrühe ablöschen. Mit Muskatblüte, Pfeffer, gemahlenem Zimt und Ingwer würzen. Mit geriebenen Semmeln abbinden und etwas kochen lassen. Zum Schluß etwas geriebene Zitronenschale beimischen und dann zu gebratenen Hähnchen servieren.

Von allerhand suppen.

Eine gute suppe über eine zunge.

Man soll etwas mehl ziemlich braun in schmaltz oder speck rösten, daran wasser und eßig giessen, darnach mit zucker oder safft süsse machen, und ein wenig roßmarin, zimet= und nägelein=staub darzu thun, und sieden lassen, über die zunge, so zuvor gesotten und auf dem rust abgebräunt ist, giessen.

Soße über Zunge

50 g Mehl in 30 g Schmalz oder ausgelassenem Speck braun rösten und mit ½ l Wasser und etwas Essig aufgießen. Mit Zucker leicht süßen und die Soße mit Rosmarin, Zimt und gemahlenen Nelken verfeinern und auf kleiner Flamme ziehen lassen.
Die gekochte, abgezogene, in Tranchen geschnittene Zunge in der Pfanne bräunen und in oben genannter Soße servieren.

Roßmarin=suppe.

Man soll mehl in etwas schmaltz einbrennen, ziemlich braun, rindsuppe daran giessen, den roßmarin klein daran schneiden, man muß muscaten= blüthe darzu legen, und sieden lassen.

Rosmarinsuppe

60 g Mehl in 40 g Schmalz bräunen und mit 1 l Bouillon aufgießen. Einem Sträußchen feingehackten Rosmarin etwas Muskatblüte zugeben und alles noch auf kleiner Flamme ziehen lassen.

Eine gute königs-suppe zu machen.

Nimm einen cappaun, er sey gesotten oder gebrathen: nimm das weisse darvon, und mach ein gutes gestossenes: nimm darzu ein halb pfund mandeln, und eine schmollen oder das weiche von einer semel, zertreib das mit einer guten halben kanne cappauner-suppe durch, und halt sie warm, bis mans anrichten will; nim brodt, und laß auf einem kohl-feuer wohl anlauffen, mit guter suppe und substantz, und richte die suppe darüber; zum reguliren der suppe nimm brießlein, pistatzen, und nimm ausgelöste granat-äpffel. Will mans besser haben, so nimmt man gestossene krebs-farb, und kälbernen braten-safft, und regulirt die suppe damit.

Königssuppe

Einen Kapaun mit Wurzelgemüse langsam gar kochen lassen. Das Brustfleisch, 250 g Mandeln, das Innere von einer Semmel und 1 l von der Brühe in einem Mixer kurz pürieren und warm halten. 2 Scheiben Graubrot ohne Rinde mit etwas Brühe aufkochen und dazu das Pürierte geben. Als Garnitur etwas gekochtes Kalbsbries, ein paar abgezogene Pistazien und Granatapfelkerne hineingeben. Zur Verfeinerung der Suppe kann man auch Kalbsbratensaft und gestoßene Krebssarb (Krebsgehäuse) beifügen.

Von allerhand suppen.

Eine kräfftige erbis-suppe.

Treib die erbsen durch mit fleisch-brüh und gutem milch-rahm oder sahne, thue butter, zucker und geschnittene mandeln daran, ein wenig pfeffer, laß sieden, richts über gebähete semmel an, streue weinbeerlein oder kleine rosinen darauf.

Erbsensuppe

150 g geschälte, getrocknete Erbsen einweichen, in 1 l kräftiger Fleischbrühe weich kochen und pürieren. Mit Sahne und Butter verfeinern, etwas Zucker und gehobelte Mandeln sowie etwas Pfeffer hinzufügen. Alles noch etwas kochen lassen und über angerösteten Semmelscheiben anrichten. Als Garnitur ein paar Rosinen auf die Suppe geben.

Von allerhand suppen.

Pohlnische suppe zu machen.

Erstlich nimm erbsen, setze sie zum feuer, nimm nachdem die suppe darvon, und röst 4 oder 5 schnittlein semmel, thus darein, schäbl äpffel und birn, schneids zu stücklein, rösts, thus darein, schab petersilgen=wurtzel, thus auch darein, laß wohl untereinander sieden, treibs darnach durch ein sieb fein dick, hernach thus in einen tiegel, gieß ein halb maaß guten wein darein, darnach du viel machen wilst, gewürtz mit zimmet, muscaten=blüthe, pfeffer und saffran, leg eine lemonie darein, laß also eine weil sieden, schau, daß ein wenig säuerlicht ist von wein, brauchs hernach zu einem fisch, was für einen du wilst.

Polnische Soße

1 Dose Gemüseerbsen, 1 kg, mit gerösteten Semmelscheiben von einer Semmel, einem geschälten und in Stücke geschnittenen Apfel, einer Birne und 2 geschabten Petersilienwurzeln weichkochen. Anschließend alles durch ein Sieb streichen oder im Mixer pürieren. ¼ l Weißwein, je 1 Prise gemahlenen Zimt, Pfeffer, Muskatblüte und Safran hinzufügen. Die Soße noch einmal kurz aufkochen, mit etwas Zitronensaft leicht säuerlich abschmecken und diese dann zu gekochtem Fisch reichen.

Von allerhand suppen.

Eine weiße brühe über hüner oder cappaunen.

Stoß mandeln, reib einen kreen oder meerrättich, laß ihn einen sud thun in einer hüner-brüh, nimm darnach die mandeln samt dem kreen oder meerrättich, treibs durch, doch daß nicht zu dünne wird, gieß ein wenig rosen-wasser daran, oder citronen-safft, laß einen sud thun, gieß über die hüner.

Weiße Hühnerbrühe

50 g Mandeln fein mahlen und ein Stück Meerrettich reiben. Beides mit etwas Hühnerbrühe sieden lassen. Mandeln und Meerrettich durch ein Sieb streichen und mit Zitronensaft abschmecken. Die Brühe soll die Bindung einer Soße haben und zu gekochtem Geflügel gereicht werden.

Suppe und gestoßenes von fischen.

Nimm fische, welche schön feist oder fett seynd, brate sie, alsdenn thue sie in einen mörsel mit gräten und haut, stoß mit gebähten semmel-schnitten, treibs durch mit erbis-suppe, und mehrern theil guten wein, zuckers und würze es, laß sieden, richts denn auf gebähte semmel-schnitten an.

Passierte Fischsuppe

500 g fettes Fischfilet (Karpfen) braten, mit 4 gerösteten Semmelscheiben, ½ l Erbsensuppe und ca. 0,3 l Tafelweißwein in einem Mixer pürieren. Die Suppe dann zum Kochen bringen und mit Zucker und etwas Salz abschmecken. Man reicht geröstete Brotwürfel dazu.

Von allerhand suppen.

Hecht-suppen gerecht zu machen.

So nimm ein, zwey oder drey stück hechte, darnach du viel machen wilst, backs im schmaltz oder speck, und schabe petersilgen-wurtzel, und backs auch im schmaltz, daß sie fein bräunlich werden, und röst ein oder zwey semmel-schnitten fein gelblicht, auch etliche mandeln geschält und gebräunt, als wenn du kösten oder castanien wolst braten, gieb acht, daß sie nicht rauchigt werden, und thue die mandeln klein stossen, wenn sie schier gestossen seynd, so thue den gebackenen hecht und petersilgen-wurtzel auch darzu, stoß wohl untereinander, und setze alles zusammen in eine lautere erbis-suppe, laß einen sud thun, schlags darnach durch ein sieb, fein in rechter dicke, als wie eine durchgeschlagene erbis-suppe, oder wie ein dünnes gestossenes, gewürtz mit pfeffer-und ingber-staub, muscaten-blüthe, saltze es recht, laß also sieden, schau, daß es fein bräunlicht wird, richts darnach auf eine gewürfflete semmel an, die im schmaltz geröstet ist, und brenne etwas schmaltz oder speck darüber, und streu ein wenig pfeffer darauf, so ist es recht, und fertig.

Hechtsuppe

Einen mittelgroßen Hecht, 1½ kg, ausnehmen, schuppen und in Schmalz oder Pflanzenöl mit sechs geschabten Petersilienwurzeln backen. Ein paar Semmelscheiben und 100 g abgezogene Mandeln goldgelb rösten. Die Mandeln, Semmelscheiben, das gebackene Hechtfleisch und Petersilienwurzeln im Mixer fein pürieren, dieses Püree mit ¾ l Erbsensuppe vermischen, etwas kochen lassen und dann durch ein feines Sieb passieren. Die Suppe soll nicht zu dick sein und wird mit Pfeffer, gemahlenem Ingwer, Muskatblüte und Salz abgeschmeckt.
Vor dem Servieren werden Speckwürfel ausgelassen und in die Suppe gegeben. Dazu werden noch geröstete Semmelwürfel gereicht.

Grüne brühe über die hüner.

Nimm grüne kräuter, roßmarin, majoran, petersilgen, zerhackts, treib es durch mit wein, thue ingber, muscaten-blüthe, zucker daran, auch fleisch-brüh, laß sieden, gieß über die hüner.

Huhn in grüner Brühe

Frische Kräuter wie Rosmarin, Majoran, Petersilie, ca. je ein Sträußchen, etwas Weißwein, geriebenen Ingwer, Muskatblüte, Zucker und Hühnerbrühe beigeben. Diese Kräuterbrühe kurz aufkochen lassen und über ein gekochtes Huhn geben.

½ l Hühnerbrühe ½ TL Ingwer
4 EL gehackte Petersilie ¼ l Weißwein
1 TL Rosmarin, frisch 1 Prise Muskatblüte
1 TL Majoran, frisch 1 EL Zucker

Gestossene hüner- oder capaun-suppe.

Nimm gesottene oder gebratene hüner oder capaunen, stoß sie wohl in einem mörsel, treibs mit einer krässtigen fleisch-suppe und wein durch, thue es in eine pfanne. klopffs wohl ab, lege ingber und saffran daran, laß sieden, röst kleine semmel-bröcklein oder gebackene erbsen, thus in die schüssel, gieß das gestossene darüber, streue zimmet und muscat-blüthe darauf.

Kapaunsuppe

Einen gekochten oder gebratenen Kapaun auslösen, das Fleisch in einem Mixer mit ¼ l Weißwein und ¾ l Kapaunbrühe zerkleinern. Mit etwas Salz, einer Prise Ingwer und Safran die Suppe abschmekken. In eine Suppenterrine einige geröstete Brotwürfel geben, die Suppe darüber füllen und mit wenig Zimt und Muskatblüte bestreuen.

Eine köstliche kräuter-suppe

Erstlich nimm endivien, borragen, gunreben, kerbel-kraut, rickerlein, spargel, spanischen saurampffer, zichorien, spenat, diese alle wasche sauber aus, und hacks klein, sieds in einer guten rindfleisch-suppe, [wilst du es trincken, so seyhe die suppe von den kräutern ab] gieß mit einem ey oder milchram ab, und richts über gebähte semmel-schnitten.

Kräutersuppe

Endivien, Boretsch, Gunreben, Kerbelkraut, Rickerlein, Spargel, Sauerampfer, Zichorien und Spinat, zusammen ca. 500 bis 700 g, gut waschen und dann fein hacken. Die gehackten Kräuter läßt man dann in kräftiger Rindfleischbrühe sieden, legiert die Suppe mit zwei Eigelb und 1 cl Sahne und reicht sie mit gerösteten Semmelschnitten.

Citronen-suppe auf gebratenes.

Brenne eine gute rindfleisch-suppe ein wenig ein, und mache sie mit saffran etwas gelbe, würtze sie auch mit pfeffer und muscat-blühte, gieß wein daran, oder von einer limonien den safft, zuckers, bis süsse ist, daß es doch ein wenig säuerlich bleibe, hernach schneide citronen länglicht darein, nimm zibeben und weinbeerlein, oder kleine rosinen darunter, laß sieden, bis eine dicke suppe wird, gieß alsdenn auf das gebratene.

Zitronensoße

¾ l Rindfleischbrühe
1 EL Butter
2 EL Mehl
¼ l Weißwein
1 EL Rosinen
1 EL Korinthen
2 Zitronen (davon Filets bereiten)
1 Prise Pfeffer
1 Prise Muskatblüte
1 Prise Safran

Eine Rindfleischbrühe binden. Mit Safran, Pfeffer und Muskatblüte würzen. Mit Weißwein oder Zitronensaft verfeinern. Zucker, Zitronenfilets, Rosinen und Korinthen dazugeben und noch etwas kochen lassen.

Eine Käß-suppe.

Nimm ein viertel-pfund parmasan-käse, reibe ihn, und siede ihn in 3 seidel wasser, alsdenn seyhs durch ein sieb, darnach nimm ein wenig zwiebel, röste sie, nimm von zwey oder drey karpffen milch, laß solche in saltz-wasser übersieden, würtz es mit muscaten-blüthe, ingber und pfeffer, gilbs mit saffran, richts auf gebähete semmel-schnitten an, mach auch verlohrne eyer drauf, leg frische butter darein, und laß auf der schüssel ein wenig sieden.

Käsesuppe

150 g geriebenen Parmesan
1 l Wasser
40 g Zwiebeln
3–4 Karpfenmilcher
1 Prise Muskatblüte
1 Prise Ingwer

1 Prise Pfeffer
1 Prise Safran
4 geröstete Semmelscheiben
4 verlorene Eier
25 g Butter

Den Parmesan in Wasser kurz kochen und durch ein Sieb gießen. Karpfenmilcher mit leichtem Salzwasser überbrühen; anschließend mit Muskatblüte, Ingwer, Pfeffer und einer Prise Safran würzen. Zwiebel anrösten und mit dem Käsefond auffüllen. Die Karpfenmilcher zusammen mit den verlorenen Eiern auf gerösteten Semmelscheiben anrichten und in die Suppe geben. Mit Butter verfeinern. Noch etwas sieden lassen.

Von allerhand suppen.

Eine suppe mit kleinen vögelein.

Man soll rockenes brodt auffschneiden, wie zu einer schmaltz-suppe, eine gute rindfleisch-suppe darüber gießen, und lassen eintrucknen, hernach die kleinen vögelein fein safftig abbraten, und auf das brodt gelegt, und in schmaltz wohl geröstete zwiebeln darauf legen, pfeffern, und ein wenig mit essig besprengen, darnach gar einen heissen schmaltz darüber brennen.

Suppe mit kleinen Vögeln

4 Wachteln
1 l Rindfleischbrühe
4 Scheiben Schwarzbrot
1 Zwiebel
1 EL Schmalz
etwas Pfeffer
etwas Essig

Vier Scheiben Schwarzbrot in kleine Würfel schneiden und 1 l gute Rindfleischbrühe darüber gießen. Vier Wachteln schön saftig abbraten, aufs Brot legen und noch in Schmalz geröstete Zwiebeln dazugeben. Die Suppe mit Pfeffer und ein paar Tropfen Essig abschmecken.

Schwartze suppe oder pfeffer über schweinen-wildprät.

Siede das fleisch bey zwey pfund oder mehr in wasser, saltz es, das recht ist, alsdenn nim die abgesiehene suppe, thue zwey pfund zwetschken, 2 oder 3 köpffe zwiebeln, petersilgen-wurtzel, 3 schnitte gebähtes brodt darein, laß so lange sieden, bis daß mans wohl kan durchtreiben, wenns durchtrieben ist, brenns ein wenig ein, schütts in einen tiegel, thue näglein daran, daß sie vor-schlagen, säuers mit eßig. nachdem du es sauer wilst haben, zuckers, daß es genug ist, laß alles zusammen sieden, wenns eine gute weile gesotten hat, so lege das fleisch auch darzu, und laß es wiederum sieden, bis daß es genug ist. Wilst du ein pfefferkuch-zelten darzu thun, so treib einen guten schwartzen pfefferkuchen-zelten mit eßig wohl ab, und laß ihn wohl sieden.

Schwarze Suppe über Schweinwildbret

1 kg Wildschweinfleisch (man kann auch Schweinehals nehmen) kochen, so wie Suppenfleisch angesetzt wird. Die Brühe abseihen, nachdem das Fleisch weich geworden ist. 1 kg entsteinte Zwetschgen, 2 Zwiebeln, 4 Petersilienwurzeln und 3 geröstete Brotscheiben darin kochen lassen. Wenn alles schön weich ist, durch ein Sieb streichen und mit einer Mehlbrenne etwas andicken. 4 Nelken, etwas Essig und Zucker je nach Geschmack beigeben, es soll leicht süßsauer sein. Die Suppe dann noch etwas sieden und das Fleisch noch eine Weile darin liegen lassen.

Hierzu kann man auch noch geriebenen dunklen Pfefferkuchen (Lebkuchen) geben.

Von allerhand suppen.

Eine weixel- oder kirsch-suppe zu machen.

Siede die weixel oder kirschen wohl, und treibe sie durch, thue die kern darvon, thue wein daran, zucker oder honig, und gewürtz; du darffst sie aber nicht zu sehr sieden, thue ein wenig geriebenen pfeffer-kuchen darunter, bähe semmel-schnitten, lege sie in die schüssel, richte sie darüber.

Weichselsuppe

250 g Weichselkirschen kurz kochen und durch ein Sieb streichen. Zucker, Honig und Rotwein dazugeben und nur noch kurz ziehen lassen. Mit etwas geriebenem Pfefferkuchen binden und mit gerösteten Semmelscheiben anrichten.

Eine pistazien-suppe.

Erstlich nimm semmel-schmollen, weiche sie in wasser, alsdenn nimm zwantzig, mehr oder weniger, pistatzien, von welchen die häutlein abgezogen seyn, wie man die mandeln abziehen thut, stoß die semmel-schmollen oder krume und pistatzien in einem mörsel wohl, denn treibs mit einer capaunsuppe durch, laß sieden, und richts auf gebähte semmel-schnitten an, oder ohne solche, nach gefallen.

Pistaziencreme

Das Weiße einer Semmel einweichen und mit geschälten Pistazien, 100 g, in einem Mixer zerkleinern. Auffüllen mit 1 l Hühnerbrühe und anschließend passieren.
Die Creme aufkochen lassen und mit gerösteten Semmelscheiben garnieren.

Faſten-ſuppe.

Nimm geſottenen karpffen-rogen, hecht-leber, legs auf gebähete ſemmel-ſchnitten in eine ſchüſſel, geſottene ſchnecken klein zerſchnitten, leg auch ausgelöſte krebs-ſchwänze und ſcheeren darauf, gieß eine gute erbis-ſuppe darüber, butter und gewürtz, und laß es einen guten ſud thun.

Altdeutsche Fastensuppe

4 Semmelscheiben (geröstet)
1 Karpfenrogen
1 Hechtleber
8 Schnecken
4 Krebsschwänze
8 Krebsscheren
1 l Erbsensuppe (püriert)
30 g Butter
1 Prise Salz

Den Boden einer feuerfesten Terrine lege man mit gerösteten Semmelscheiben aus. Blanchierten Karpfenrogen überbrühen, Hechtleber sowie zerkleinerte blanchierte Schnecken zusammen mit ausgebrochenen Krebsschwänzen und Scheren auf dem Sockel anrichten und mit Erbsensuppe übergießen. Bedeckt in einem Wasserbad garen und mit Salz nachwürzen. Mit frischer Butter verfeinern.

Eine haber-suppe zu machen.

Nimm einen löffel voll haber-mehl, das röste wohl im schmaltze, giesse fleisch-brüh daran, und drucks durch, bähe brodt, und richts darüber an, gieß auch ein wenig eßig daran.

Haferflockensuppe

80 g Haferflocken 1 l Fleischbrühe
30 g Schmalz 4 Scheiben Schwarzbrot

Haferflocken im Schmalz etwas anrösten, dann mit Fleischbrühe aufgießen, kochen lassen und auf geröstetem Brot anrichten. Mit ein paar Tropfen Essig wird die Suppe abgeschmeckt.

Ein gersten-schleim

Wann du gute gersten hast, so wasche sie wohl mit kaltem wasser aus, ie öffter du sie abwäschst, ie besser ist es, denn laß sieden, wenn sie ein wenig gesotten, so schütt das wasser wiederum darvon, laß die gersten wohl trucken werden, nachmahls gieß eine krafftige suppe daran, laß so lange sieden, daß du sie durchtreiben kanst, wenns durchtrieben ist, leg butter und gewürtz darzu, laß wiederum ein wenig sieden.

Gerstenschleim

125 g Gerste
1 l Fleischbrühe
25 g Butter
1 Prise Salz

Die Gerste in kaltem Wasser einige Male gut waschen und in Wasser kurze Zeit sieden. Flüssigkeit abschütten und die Gerste trocknen lassen. Danach mit der guten Fleischbrühe die Gerste weichkochen und pürieren. Mit Butter und Gewürz nach Belieben abschmecken.

Von allerhand suppen.

Eynkäuffer.

Von allerley koch= brey= und mühsern.

Ein gutes citronen=koch oder muhß.

Nimm grosse citronen fünff oder sechs auf eine schüssel, schneide die schalen gantz dünne herab, hernach reibe die citronen bis auf das saure, thue das weisse geriebene in ein tuch oder säcklein, brenns etlichemahl mit einem saubern siedenden wasser ab, und gieß allezeit wieder ein frisches darauf, und drücks wohl aus, bis alle härtigkeit völlig weich ist, truckne es denn gar sauber und wohl ab, stoß es in einem steinern mörsel gar klein, nimm hernach ein halb pfund zucker, gieß nach bedüncken durch ein mit rother farbe eingeweichtes tüchlein wasser darauf, laß zu einem ziemlich dicken julep sieden, alsdenn thue die klein gestossene citronen darein, und laß es sieden in rechter maaß, und rühr es mit einem lemonien=safft nach belieben; und es muß gleichwohl noch dicke haben, wie eine andere latwerge zu einem koch oder brey, hernach wenn es kalt ist, so nimm es in eine saubere schüssel, und nimm von sieben oder acht eyern das klare, rühre das koch oder muhß wie quitten=koch, eine gantze stunde muß das eyerklar in einem töpflein gar wohl abgerührt werden, und immer ein oder zwey löffel voll zugossen, thue auf die letzt klein geschnittene citronen=schalen, die nicht bitter seyn, hinein, thue es in eine silberne oder blecherne geschmierte schüssel, back es wie das quitten=koch oder muhß, es laufft schön auf, man darf kein reiff nehmen, so ist es gerecht und gut.

Von allerley koch- brey- und mühsern.

Zitronenmus

Von 12 Zitronen die gelbe Schale ganz dünn abreiben und das Weiße bis auf das Fruchtfleisch abschneiden. Das abgeschnittene Weiße in ein Tuch binden und mehrere Male überbrühen und mit kaltem Wasser abkühlen, bis es weich ist. Danach gut ausdrücken und im Mixer ganz fein mahlen. $\frac{1}{2}$ l Läuterzucker mit einem Schuß Himbeersirup und den fein gemahlenen Zitronenschalen langsam kochen lassen, bis es dickflüssig wird. Nach Belieben Zitronensaft beifügen, jedoch darf der Zitronensirup nicht dünn werden. Das Eiweiß von 12 Eiern schlagen und nach und nach den ausgekühlten Sirup und ein Viertel der abgeriebenen Zitronenschale darunter- mengen. Eine feuerfeste Schüssel mit Butter ausstreichen und mit Zucker bestreuen. Das Zitronenmus einfüllen und im Backofen langsam backen.

Das gute pistazien-koch oder brey.

Nimm ein pfund pistazien, auch zucker in ein becken, läutere den zucker, schütte die gestoßene pistazien hinein, truckne es ab, die pistazien müssen vor mit spinat gefärbt seyn, und gerührt wie ein mandel-muhß, so offt ein gantzes ey, so offt ein dotter, und gerührt, bis die rechte dicke hat, und also backen, zwölff eyer, sechs gantze, sechs dotter, wenn es aber noch zu dicke ist, so nimm noch zwey eyer-dotter mehr.

Pistazienbrei

200 g gestoßene Pistazien, gefärbt mit püriertem Spinat, zusammen mit Läuterzucker in eine Schüssel geben und wie ein Mandelmus rühren. Nach und nach abwechselnd 1 ganzes Ei und ein Eigelb unterrühren, bis es eine dickliche Masse ergibt. Dieser Brei wird im Ofen gebacken.

Von allerley koch- brey- und müßern.

Ein gar gutes Mandel-Mußß.

Man soll nehmen ein halb pfund gar klein bereitete mandeln mit frischem wasser, und geweichte semmel in guter milch darunter stossen, darnach eine weite zinnerne schüssel nehmen, ein ziemlich groß stück butter darein zerbrocken, und in der schüssel gleich zergehen lassen, darnach die mandeln in eine schüssel gethan, daran geschlagen zwey gantze eyer, und von sieben eyern den dotter, wohl zuckern, und rühren auf der gluth oder kohl-feuer, so gehts fein schön auf, und wird weiß; darnach in einem pfännlein ein wenig schmaltz gar heiß lassen werden, und darein brennen, und alleweil rühren, darnach eine blecherne schüssel nehmen, und ein wenig butter darinn zergehen lassen, das muß darein schütten, daß unten und oben fein braun wird; man mag auch etwas zucker-eßig darauf machen.

Mandelmus

170 g Mandeln	5 Eigelb
2 Semmeln ohne Rinde	100 g Zucker
½ l Milch	40 g Butter
1 Ei	30 g Butterschmalz

Die Mandeln abziehen und fein mahlen, dazu in Milch eingeweichte Semmeln geben, aber nicht ausgedrückt. In einer feuerfesten Schüssel Butter zergehen lassen, dem Mandelmus 1 Ei, 5 Eigelb und 100 g Zucker hinzufügen. Dieses auf kleiner Flamme mit dem Schneebesen aufschlagen, bis es schaumig und glatt ist. Etwas Butterschmalz heiß werden lassen und unter ständigem Rühren hineingießen. Dieses Mus dann in eine gebutterte Form geben und langsam im Ofen backen, bis es goldgelb wird. Nach Belieben kann man das Mandelmus mit einer Zuckerglasur bestreichen oder mit Puderzucker bestreuen und unter dem Grill karamelisieren.
Kompott dazu gereicht schmeckt sehr gut.

Das aufgegangene quitten-muhß

Man soll die quitten in wasser gar weich sieden und durchschlagen, dieselbige auf eine schüssel thun, und wohl zuckern, unter dem zuckern lang und wohl rühren, darnach von zwey oder drey neu-gelegten eyern das klare nehmen, und wohl abrühren oder querdeln, daß lauter schaum wird, von diesem soll man nach und nach in die quitten thun, und immerzu wohl rühren, ie länger mans rührt, ie schöner wird es; zuletzt soll man ein wenig gar klein geschnittene limonien-schalen darunter rühren, und wenn man gleich will anrichten, soll man eine schüssel mit schmaltz oder speck schmieren, und das koch oder muhß darein richten, fein hoch auf einander wie eine schnee-milch, und in pasteten-ofen oder pfannen setzen, es bäckt sich gar bald; der ofen muß nicht heiß seyn, wenn mans zu frühe bäckt, so fällts wieder nieder, oben auf soll man mit zucker streuen.

Quittensoufflé

1 kg Quitten in Wasser weichkochen und durch ein Haarsieb passieren, 300 g Zucker zugeben und lange rühren. 2 bis 3 Eiweiß zu Schnee schlagen und diesen unter die Quittenmasse rühren, zum Schluß noch etwas geriebene Zitronenschale zugeben. Eine Schüssel mit Schmalz oder Speck einfetten, die Masse einfüllen und im Wasserbad im nicht zu heißen Ofen ausbacken. Abschließend mit Puderzucker bestreuen.

Aepffel muß.

Nimm saure äpffel, schäle und schneide sie blätlein weise in einen topff, gieß wein daran, laß also an einem kleinen kohl-feuer sieden, und wenn sie weich seynd, so schlags durch ein sieb, nimm ein viertel-pfund klein gestossene mandeln darunter, 2 eyer-dotter und 2 löffel voll gute obere milch, ein stück butter, zuckers, unten und oben kohl-feuer, und laß es backen, wie ein ander muß.

Apfelmus

1 kg saure Äpfel schälen, entkernen und in Scheiben schneiden. Mit 0,1 l Weißwein dünsten und durch ein Sieb streichen. 125 g gemahlene Mandeln, 3 Eigelb, 0,1 l Sahne, etwas gemahlenen Zimt und Zucker darunter mischen und in einer Form im Ofen backen.

Ein erdbeer muß.

Treibe die erdbeer durch mit wein, nimm ein gerieben hauß-brodt, und röst es im schmaltz, gieß die erdbeer daran, zuckers, und laß sieden.

Erdbeermus

80 g Graubrotbrösel getrocknet
0,3 l Moseltafelwein
400 g Erdbeeren
160 g Butter
40 g Schweineschmalz

Gewaschene Erdbeeren durch ein Sieb streichen und Weißwein dazugeben. Geriebenes Graubrot in Fett rösten, mit dem Erdbeermark aufgießen und Zucker nach Belieben beigeben. Alles zusammen sieden lassen.

Spanisch äpffel-muß.

Nimm schöne grosse äpffel, schneide runde blätlein biß auf die kerne, schmier eine schüssel wohl mit butter ein, lege die äpffel-blätlein darauf, so offt eine lage äpffel, so offt bestreue sie mit zucker und zimmet, nimm ein wenig frische butter darzu, also mache die schüssel biß sie gantz voll ist, backs auf einem kohl-feuer, bis sie weich und braun werden.

Spanisches Apfelmus

1 kg Äpfel
50 g Butter
40 g Zucker
1 Prise Zimt

4 große Äpfel schälen, mit einem Apfel-Entkerner ausstechen und dann in runde Scheiben schneiden. Eine feuerfeste Form (Schüssel) mit Butter ausstreichen. Die Apfelscheiben lagenweise mit Zimt-Zucker und ein wenig Butter hineinlegen. Die Äpfel im Ofen backen, bis sie weich und an der Oberfläche golden braun sind.

Ein diendel-koch oder barbes-beer-muß.

Nimm barbes-beeren, so viel du willst, die wohl zeitig seynd, treibs durch ein sieb, darnach thue das durchgeriebene in eine schüssel, rührs wohl, nimm von 8 eyern das weisse, spridel oder querdels in einem topff wohl ab, biß es ein lauterer schaum wird, darnach nimm mit einem löffel den schaum herab, so viel als ein ey ist, rührs unter das durchgetriebene, so lang bis du nichts mehr hast, zuckers, daß es fein süß ist, schmier eine schüssel mit butter, backs wie ein anderes muß.

Barbesbeermus

350 g Barbesbeeren oder rote Johannisbeeren
100 g Zucker
4 Eiweiß

Die Barbesbeeren durch ein Sieb streichen und den Brei in eine Schüssel geben. Eiweiß nicht ganz fest aufschlagen und dann löffelweise unter den Brei rühren. Das Ganze mit Zucker gut süßen und in einer ausgebutterten Schüssel im Ofen langsam backen.

Ein kräfftiges rosen-muß.

Nimm eine hand voll groß oder kleine rosen, thue die knöpffe darvon, nimm semmel, die in wein geweicht ist, stoß sie darunter, treibs mit einem seidel wein durch ein enges sieblein, denn thue zucker, zimmet, nägelein und muscaten-blüthe darzu, laß sieden biß dick wird, du kanst auch an statt des weins eine gute hüner-suppe nehmen.

Rosenmus

Von einer Handvoll Rosenblüten (ungespritzte wohlgemerkt) die Stengel entfernen. Semmel mit Wein einweichen und mit den Blüten zusammen zerdrücken. Alles mit einem 3,5 dl Wein oder Hühnerbrühe durch ein feines Sieb passieren und mit Zucker, Zimt, Nelken und Muskatblüten abschmecken. Alles so lange langsam kochen lassen, bis es eine Bindung bekommt.

Von allerley koch- brey- und mühsern.

Weinbeerlein oder klein rosinen muß.

Nimm weinbeerlein oder kleine rosinen, wasche sie sauber, stoß sie in einem mörsel samt einer gebähten semmel-schnitte, wenns genug gestossen, so schlags durch mit wasser und wein, schütts in heisse butter, laß sieden, bis dick wird, thue zucker daran, so viel als genug ist; den gesunden giebt mans kalt, denen krancken aber warm.

Rosinenmus

120 g Semmelscheiben
20 g Butter
300 g Rosinen
3/8 l Weißwein
90 g Butter, braun

Getrocknete Weintrauben oder kleine Rosinen sauber waschen und in einem Mixer zusammen mit gerösteten Semmelscheiben fein mahlen. Dieses Mus mit Wasser und Weißwein anreichern und in einen Topf mit heißer Butter geben.
Alles eine Weile sieden lassen. Nach Geschmack mit Zucker abschmecken.

Ein braunes muß von feigen.

Nimm feigen, weinbeeren oder weintrauben und birnen, schäls und schneids, daß mans möge braun machen im schmaltz, und machs wieder trucken im mehl, thue sie in eine pfanne mit heissem schmaltz oder speck, und wenn sie braun seynd, so thue sie heraus, und laß erkalten: drücks darnach zusammen, daß das schmaltz wieder darvon kommt, hacks darnach klein, giesse guten welschen wein daran, auch zucker und gut gewürtz, laß sieden, giebs kalt.

Braunes Feigenmus

250 g frische Feigen
100 g Rosinen
½ l Weißwein
150 g Birnen (Kompott)
50 g Zucker
1 Prise Mehl
1 Prise gemahlene Nelken
1 Prise gemahlener Zimt
½ Zitrone abgerieben
Schmalz nach Belieben

Feigen, Rosinen oder Weintrauben und Birnen schälen und in kleine Stücke schneiden. Diese Stücke auf ein Tuch legen, damit sie etwas trocken werden, anschließend mit Mehl bestäuben, in heißem Schmalz braun rösten und abschütten, damit das Schmalz vom gerösteten Obst getrennt wird. Das Obst wird fein gehackt, dazu kommt französischer Weißwein und Zucker. Mit Zimt, gemahlenen Nelken und geriebener Zitronenschale würzen. Es muß noch eine Weile kochen und wird kalt serviert.

Allerhand milch.

Die spanische milch/ Nates genannt.

Nimm zwey schwartze unglasirte weidling oder tiegel, je weiter sie seyn, je besser wirffts auf; darnach nimm eine gantz neu-gemolckene milch, wie sie von der kuhe herkommt, seyhe, thue es in weidling oder tiegel, setz es auf eine glüende asche, thue aussen herum kleine glüende kohlen, und laß 4 oder 5 stunden stehen auf der glüenden aschen, wenn sie gantz ausgelöscht, thut man wieder eine andere darunter, damit es allweil von unten gemach und gelinde wallt, nur nicht zu viel glut, sonsten wird die haut gleich hart und spret, aber fort alleweil, nur, daß mans merckt, wallen, und wenns genug aufgeworffen, 4 oder 5 stunden muß gar gewiß stehen, nimms von der glut, setz es zugedeckt in keller, laß über nacht, nimm die obere dicke haut herab, legs auf eine schüssel übereinander, und zuckers, also ist es gemacht.

Spanische Milch

5 l frische, nicht pasteurisierte Milch (also direkt von der Kuh) in einem weiten, großen Topf auf kleiner Flamme 4–5 Stunden leicht wallen lassen. Die Milch soll nicht kochen, sonst wird die Haut hart. Nach 4–5 Stunden stellt man den Topf mit der Milch abgedeckt in den Keller. Am anderen Tag nimmt man die dicke Haut ab und serviert diese mit Zucker.

Allerhand milch.

Ein ygel von mandeln.

Nimm gute mandeln, stoß sie und thue sie in einen saubern topff, und giesse gute dicke milch daran von mandeln, rührs mit einem höltzlein, laß fein gemach einsieden, alsdenn thue es in ein eyer-körblein, laß wohl verseyhen: darnach nimm abgezogene mandeln, schneide sie nach der länge entzwey, vergülds und bestecke den mandel-teig damit, den du gesotten hast, mach eine form daraus wie ein ygel, zuckere ihn, darnach lege ihn in eine schüssel, giesse eine gute mandel-milch daran.

Ein Igel von Mandeln

250 g Mandeln
600 g Sahne
100 g Zucker
¼ Stange Vanille
1 abgeriebene Zitronenschale

Ausgesuchte Mandeln mahlen, mit einer dicken Mandelmilch aufgießen und langsam einkochen lassen. Die Zutaten vermengen. Die gekochte Mandelmasse von der Milch abseihen, zu einem Igel formen und mit Mandelstiften spicken. Anschließend den Igel in eine Schüssel geben und dazu Mandelmilch gießen.

Koch-Buch.

Von allerhand sultzen oder gallerten.

Hecht-sultz oder gallert zu machen.

Man nimmt einen grossen hecht, schneidet ihn die haut sauber weg, denn schneidet man ihn zu stücken, läst ihn eine stunde in saltz liegen, hernach thut man guten wein-essig und erbis-suppe in einem topff, etliche geschälte zwiebel-häpel, pfeffer, ingber, muscat-blüthe darein, auch haus-blase, läst eine gute weile einsieden, alsdenn saubert man den fisch, und legt ihn in die suppe, läst fein gemach sieden, zuckerts dermassen, schaut, daß es die rechte säure hat vom essig, gilbts, wenn er an die statt gesotten hat, seyhet man die brüh herab, läst stehen bis es sich setzt, legt die stücke in eine schüssel, seyht die brüh sauber durch ein tuch, giests an den fisch, läst bestehen, wenn man es gilbet, streuet man wein-beerlein oder kleine rosinen und zirber-nüsse darauf.

Hechtsülze

Einen mittelgroßen Hecht (1,5 kg) filieren, in Stücke schneiden und eine Stunde lang einsalzen. 1 l Erbsensuppe mit etwas gutem Weinessig, reichlich geschälten Zwiebeln, etwas Pfeffer, Ingwer, Muskatblüten und sechs Blatt Gelatine in einem Topf langsam kochen lassen. Dann den portionierten Hecht in der Suppe garen und mit Zucker abschmecken. Die Hechtportionen anschließend in eine Schüssel geben und die Erbsensuppe darüber passieren. Die Hechtsülze wird kalt serviert und mit Weinbeeren oder Rosinen gereicht.

Sultz oder gallert über fisch zu machen.

Erstlich nimm die fische und schuppe sie, siede sie mit wein und wasser ab, doch nicht gar allerding, saltze sie auch, nimm abgezogene mandeln, und stosse sie klein, zwinge sie mit guten wein durch, und lege die fische in eine schüssel, nimm darnach die durchgetriebene mandeln, thue ingber, und pfeffer daran, lasse es sieden, und giesse es darüber, darnach lasse es kalt werden.

Fisch-Sülze

4 mittelgroße Fische gut schuppen, ausnehmen und waschen. Danach nicht ganz gar kochen. Aus dem Fond nehmen und in eine Schüssel legen. Abgezogene Mandeln (100 g) mit ⅛ l Weißwein (Mosel) im Mixer pürieren. Mit 1 Prise Ingwer und weißem Pfeffer würzen. Aufkochen, über den Fisch geben und erkalten lassen.

Rothe korn blumen-sultze oder gallert über forellen, oder andere edle fische

Nimm ein seidel rothen wein, und so viel wasser, nimm die rothen kornblumen, binds in ein saubers tüchlein, lege zucker darzu, laß sieden biß wohl prudelt, alsdann gieß auf gesottene fehren oder sälbling, oder andere edle fisch.

Rote Kornblumensülze zu Fischen

¼ l Rotwein mit ¼ l Wasser mischen, rote Kornblumenblüten in ein Tuch binden und mit 350 g Zucker in die Flüssigkeit geben. So lange kochen lassen, bis die Flüssigkeit dicklich wird. Diese Kornblumensülze gibt man über gekochte Forellen, Saiblinge oder andere Süßwasserfische.

Von allerhand sulzen oder gallerten.

Pfeffer-kuchen-sulze.

Man nimmt eine tafel Leipziger pfeffer-kuchen, schneidet ihn würfflicht, gieſt vier maas wein daran, läſt ihn zwey oder drey tage darin weichen, ſetzt ihn hernach zum feuer und läſts einen wall oder sechs thun, zwingts durch thu: daran zimet, ſaffran, ingber, pfeffer, muscatblüthe, läſts noch einem wall thun, ſo iſts recht.

Lebkuchensoße

4 Stück Leipziger Pfefferkuchen (auch Nürnberger Lebkuchen), in würfelgroße Stücke schneiden, zwei bis drei Tage in ½ l Weißwein durchziehen lassen, mit Safran, Ingwer, Pfeffer, Muskatblüte je nach Geschmack verfeinern und einmal kurz aufwallen lassen.

Eine nuß-sulze oder gallert zu machen.

Man nimmt geschälte nüſſe und ſemmel-mehl, das weiſſe von einem hart geſottenen ey, ſtöſt alles wohl untereinander, und treibts durch mit wein, ſalzet und würtzet es, ſo wird eine gute ſultzen oder gallert daraus, die man zu gebratens iſſet.

Nußsülze

50 g Haselnüsse
50 g Walnüsse
1 EL Semmelbrösel
gekochtes Eiweiß von 1 Ei
¾ Tasse Weißwein
1 Prise Salz

Die geschälten Haselnüsse, Walnüsse mit Semmelbrösel und gekochtem Eiweiß ganz fein im Mixer hacken und mit Weißwein (Tafelwein) mischen. Etwas salzen und nach Belieben würzen. Diese Sülze oder Soße reicht man zu Gebratenem.

Von allerhand würsten, knödeln oder klößern und strudeln, ꝛc.

Würstlein von capaun- und hüner-lebern.

Man soll die lebern und fett von capaunen klein hacken, pfeffern und gar linde saltzen, eine gute obere milch daran giessen, und von einem spanfärckel die grösten därmer einfüllen, und in heissem wasser ein wenig überbrennen, darnach auf einen rost legen.

Geflügelleber-Würste

Geflügelleber und Geflügelfett sehr fein hacken, flüssige Sahne, Pfeffer und ein wenig Salz dazugeben und in die größten Därme eines Spanferkels einfüllen. Die Würste in heißem Wasser überbrühen und danach auf dem Grill braten.

Speck-knödel oder klößer zu machen.

Erstlich nimm speck, schneide ihn klein gewürffelt, darnach laß ihn ein wenig zergehen, weiche semmel in milch, so als wie sonst zu andern knödeln oder klößern, nimm darnach den zergangenen speck und semmel, grünes kräutlein, auch wenig grieß, saltz, machs, nimm ein oder zwey eyer, schlags darunter.

Speckknödel

100 g durchwachsenen Speck in Würfel schneiden und in der Pfanne braten, bis er glasig ist. Ebensoviel in Würfel geschnittene alte Semmeln dazugeben und so lange rühren, bis das Fett eingezogen ist. Dieses vom Feuer nehmen, in eine Schüssel geben und 3 EL gehackte Petersilie dazugeben. Wenn es ausgekühlt ist, 3 Eier, 1 Tasse Milch mit einer ¾ Tasse Mehl verrühren und alles zusammen mit den geschnittenen Semmeln vermengen. Die Masse zu Knödeln formen und ca. 15 Minuten in einer kräftigen Brühe kochen.

Von allerhand würsten, knödeln oder klößern und strudeln/ ꝛc.

Gefüllte weixel- oder kirsch-semmel zu machen.

Erstlich nimm eine oder zwey semeln, so viel du auf den tisch geben wilst, schneide die rinde darvon, höle die semel aus, laß sie ein wenig in heissen schmaltz anlauffen, darnach nimm die weixel oder kirschen, von den dürren, setze sie zu, wenn sie schier gesotten seynd, so nimm den halben theil von den gesottenen kirschen, röst sie wohl im schmaltz, wenn sie schier geröst seyn, alsdenn nimm ein wenig geriebene semmel auch darzu, wenn du gerne wilst, zuckers wohl, und sträue zimmet-staub darauf, alsdenn in die angeloffene semmel gefüllt, wie man die semmel heraus holt, alsdenn muß man ein blätlein wieder darauf setzen, leg alsdenn die semmel auf eine schüssel, und nimm die übrigen weixel oder kirschen, schlags durch, und gieß über die semmel, laß ein stücklein küchen-zucker darein versieden, und wenn mans schier will anrichten, so sträue zimmet-staub darauff.

Gefüllte Weichsel- oder Kirschsemmel

Von 4 Semmeln die Rinde abreiben, anschließend die Kappe als Deckel abschneiden und das Innere aushöhlen. Dann die Semmeln in heißem Schmalz etwas anrösten.
1 kg Kirschen entsteinen und dünsten, die Hälfte der gedünsteten Kirschen in Schmalz etwas braten, 1 EL Semmelbrösel beifügen und mit Zimt und Zucker abschmecken. Die Kirschen in die Semmeln füllen, den Deckel darauf setzen und in einer feuerfesten Schüssel anrichten. Den Rest der Kirschen durch ein Sieb streichen und über die Semmeln gießen. 2 EL Zucker beifügen und die gefüllten Semmeln kurz aufkochen lassen, vor dem Servieren mit Zimt bestreuen.

Gezupffte knödel oder klößer.

Nimm 3 stritzel oder klumpen frische butter, wie man sie um einen kreutzer oder dreyer kaufft, rührs wohl ab, alsdenn brocke die schmollen oder das weiche von neugebackener semmel, so viel biß der teig wohl dicke wird, machs zu knödeln oder klößern, lege sie in eine kräfftige wohlgewürtzte suppe, und laß sie sieden, biß genug ist.

Gezupfte Knödel

180 g Butter
400 g Inneres von Milchsemmeln
1 Prise Salz
1 l Fleischbrühe

Butter gut schaumig rühren und darunter das Innere von frischen Milchsemmeln kneten. Man nehme so viele Semmeln, bis es ein dicker Teig wird. Diesen zu Knödeln formen und in einer gut gewürzten Fleischbrühe garen lassen.

Pfannen-kuchen.

Nimm eyer, so viel du machen wilst, saltze sie, thue auch petersilge, zwiebeln, nach deinen belieben darzu, schlags wohl ab, thue frische butter in eine pfanne, las sie wohl heis werden, bis sie beginnt braun zu werden. (Wilst du den kuchen besser machen, so kanst du das klare von eyern den halben theil darvon thun, und statt dessen einen löffel voll milch-rahm nehmen) schütte die abgeschlagne eyr darein, mach ein hurtig feuer darunter, uñ. las es backen.

Pfannkuchen

12 Eier mit Salz, 2 EL gehackte Petersilie und ½ Zwiebel gut verrühren und in einer Pfanne mit heißer Butter backen. Um den Pfannkuchen zu verfeinern, läßt man die Hälfte von dem Eiweiß weg und ersetzt es durch Sahne.

Klößer und würste von dürren brünner-zwetschken.

Nimm kirschen und pflaumen, wasch sauber aus, setz zu im wasser und wein, wenn sie gesotten seynd, so löß die kern heraus, und hacke sie gantz klein, daß man sie nicht kennt, was es ist, röste geriebene semmel, und thu es unter das gehackte, schlag 2 gantze eyer daran, nimm zimmet, gestossene nägelein, muscaten-blüthe und zucker, das genug ist, geriebene lemonien-schalen, mach den teig so dicke, daß du kanst knödel oder klösser daraus machen, backe die knödel im schmaltz nicht zu braun, lege sie in ein pfännlein, gieß die suppe, in welcher sie gesotten haben, darauf, doch nicht zu viel, wann mans anricht, so muß man die knödel mit eingemachten hanebutten oder weinschärling bestecken, kanst sie auch mit geschnittnen pistatzien bestreuen, es ist eine schöne und gute speiß.

Brünner Zwetschgenknödel

250 g Zwetschgen
100 g Kirschen
400 g Rotwein
3 Eier
½ Zitrone abgerieben
100 g Zucker
1 Prise Muskatblüte

1 Prise gemahlene Nelken
1 Prise gemahlenen Zimt
100 g geröstete geriebene Semmelbrösel
2 EL Pistazien
2 EL Hagebutten
50 g Zucker (für den Saft)

Kirschen und Zwetschgen werden gewaschen und entkernt in Rotwein gedünstet und danach feingehackt. Man röstet geriebene Semmelbrösel und gibt diese, zusammen mit ganzen Eiern darunter, schmeckt das Ganze mit Zimt, gemahlenen Nelken, Muskatblüte, Zucker und geriebener Zitronenschale ab.
Der Teig soll so dick sein, daß man Knödel formen kann, die dann in heißem Schmalz gebacken werden. Mit dem übergebliebenen Saft vom Dünsten, gehackten Pistazien und Hagebutten werden die Knödel serviert.

Von allerhand warmen speisen.

Ein gutes essen von lebern.

Man soll hüner-kälber-oder lämmer-leber klein hacken, samt ziemlich viel capaunen-oder andern fett und einer geweichten semmel-schmollen in obere milch oder sahne, und 2 eyer-dotter daran geschlagen, darzu nehmen majoran petersilgen, muscat-nuß, pfeffer, und einen süssen milch-rahm, butter in einer pasteten-schüssel zergehen lassen, den zeug darein giesse, unten und oben glut geben, so laufft es auf, und wird gar schön locker, man muß es in der schüssel auf den tisch geben. Man machts auch also von kälbernen nieren.

Leberpastete

200 g Geflügelleber	1 TL Majoran
250 g Kalbsleber	½ TL Petersilie gehackt
200 g Geflügelfett	1 Prise Muskatnuß
das Innere von 4 Semmeln	1 Prise Pfeffer
0,25 l Sahne	1 Prise Salz
4 Eigelb	1 EL Butter

Die Kalbs- und Geflügelleber feinhacken. Das Innere der Semmeln in Sahne weichen und ausdrücken. Zusammen mit Hühner- oder Schweinefett, Eigelb, Majoran, Petersilie, Muskatnuß, Pfeffer und Sahne gut verrühren.
Eine Pastetenform mit zerlassener Butter ausstreichen, dann den Leberbrei einfüllen. Anschließend im Ofen garen lassen; es soll aber schön locker bleiben.

Von allerhand warmen speisen.

Ein gutes lämmernes dampff brätlein.

Man soll ein hübsches stück lamm-fleisch nehmen, dasselbe auf den rost abbräunen, zuvor mit saltz besprengen, darnach in ein töpflein thun, und darzu viel äpffel-spältlein von einem säuerlichen apffel, sie seyn grün oder dürr, und eine geriebene semel im schmaltz rösten, daran giessen ein wenig fleisch-suppe, pfeffer, ingber und muscaten-bluthe darzu thun, fein zugedeckt, auf einem kohlfeuer stehen und dämpffen lassen.

Lammbraten, gedämpft

Ein schönes Stück Lammbraten (1 kg) mit Salz und Pfeffer würzen und knusperig anbraten. Dieses Stück Fleisch mit reichlich Apfelscheiben, in Schmalz gerösteten Semmelbröseln, Pfeffer, Ingwer, Muskatblüte und Fleischbrühe zugedeckt dämpfen lassen.

Rind-fleisch mit grünen kräutern.

Setze rind-fleisch zu mit wasser und saltz, laß es mürbe sieden, thue lorbeer-blätter, zwey oder drey köpffe knoblauch, gantzen ingber, nägelein und muscaten-blüthe, etliche kohl-stücklein, gelbe und weisse rüben nicht viel, ein klein wenig salbey und rosmarin darein, laß es eine viertelstunde damit sieden, nimm es vom feuer, deck es zu mit einer hafen-deck oder stürtze, damit der geschmack nicht davon gehe, gieb es mit den kräutern.

Rindfleisch mit grünen Kräutern

Ein schönes Stück Rindfleisch, etwa 1 kg, mit Wasser und Salz aufsetzen und so lange sieden lassen, bis es weich und mürbe ist. In den Sud fügt man einige Lorbeerblätter, zwei bis drei Knoblauchzehen, etwas Ingwer, ein paar Nelken und Muskatblüten bei. Ferner gibt man kleingeschnittene Stücke Kohl, weiße und gelbe Rüben, ein wenig Salbei und Rosmarin hinzu. Das Ganze läßt man nochmals ¼ Stunde sieden und nimmt es dann vom Feuer. Bis zum Servieren zugedeckt stehen lassen, damit der Geschmack der Kräuter nicht verloren geht.

Fricaßirte kleine hüner.

Nimm kleine junge hüner, reinige sie, schneide sie mitten voneinander, klopffe sie mit dem messer-rücken, wirff sie in heisse butter, laß sie ein wenig bräunlich rösten, seyh die butter davon, gieß eine gute hüner-brüh darüber mit ein wenig wein und frischen lemonien, gewürtz es, wann du es wilst anrichten, so nimm gebähte semmel-schnitten lege sie auf den boden in eine silberne oder blechene schüssel, richte die fricaßirte hüner darüber an, gieß die brüh darüber laß es in der schüssel auff kohlen sieden, gewürtz es lind ab, und gieb es.

Frikassierte Hähnchen

Zwei Hähnchen in Stücke teilen und mit dem Messerrücken etwas flach klopfen. In heißer Butter anbraten bis das Fleisch goldbraun ist und dann die Butter abseihen. Über das Gebratene gießt man nun eine gute Hühnerbrühe, die mit Weißwein, frischen Limonen und Gewürzen abgeschmeckt ist. Das Frikassee wird in einer feuerfesten Schüssel angerichtet. Der Boden der Schüssel wird mit gerösteten Semmelschnitten ausgelegt, darauf gibt man das Hühnerfleisch und die Brühe. Dann nochmals ein wenig sieden lassen und nach Belieben abschmecken.

Spenat auf niederländisch zu kochen.

Reinige die stengel vom spenat, wasch ihn sauber aus, daß er nicht zerdruckt werde, leg ihn in einen topff, daß er wohl raum hat, überbrenn ihn nicht zu viel, seyhe durch ein sieb, daß er fein gantz bleibt und gantz trucken seye, alsdenn nimm butter, schütt ihn darein, leg pfeffer, saltz und muscaten-blüthe daran, rühr ihn nicht, laß ihn also eine weile sieden, daß er grün bleibe.

Spinat auf niederländische Art

800 g Spinat wird vorsichtig und sauber geputzt (die Blätter dürfen nicht beschädigt werden), in kochendem Wasser gebrüht und in einem Topf mit Butter, Salz, Pfeffer, Muskatblüte ohne Umrühren gargedünstet.

Gefüllte birnen.

Nimm birnen, und höhle sie aus, so viel du kanst, und fülle sie mit gehackten birnen, mandeln, weinbeerlein oder kleinen rosinen, zucker, zimmet, mach ein plätzlein von einer birn oben drauff, steck ein zwecklein daraus, daß die fülle nicht heraus fällt: mache darnach ein dünnes teiglein, tuncke die birnen darein, und laß gemach backen. Gleicherweiß kan man auch die äpffel und quitten machen.

Gefüllte Birnen

4 große Birnen werden ausgehöhlt und mit gehackten Birnen, Mandeln, Weinbeeren, Zucker und Zimt gefüllt. Dann wird ein Plättchen von einer Birne daraufgesteckt, damit nichts herausfallen kann. Die so behandelten Birnen werden in einen Bierteig getunkt und in Fett langsam gebacken. Gleicherweise kann man auch Äpfel und Quitten machen.

Gefüllte äpffel.

Nimm äpffel, so nicht gar zu groß, auch nicht sehr sauer seyn, schneide ein blätlein herab, höle den apffel aus, doch daß ein rand herum bleibe, darnach mache eine fülle von wein-beerlein oder kleinen rosinen, zibeben und mandeln zuckers, (wilst du, so kanstu auch lindes gewürtz darzu nehmen füll's in die äpffel, lege das blätlein wieder über den apffel, mache ein kleines höltzlein, spieß das blätlein damit an, daß es nicht herab falle, alsdenn nimm ein schmaltz in eine pfanne, laß es heiß werden, und lege die äpffel darein, setze die hafe-deckel oder stürtze mit glut darauf, so bräunt sichs fein, so sie nun anheben bräunlicht zu werden, so richte sie auf eine schüssel, mache ein süpplein darüber also: nimm wein und wasser, röste ein wenig mehl darein, zuckers, thue auch weinbeerlein und kleine rosinen, mandeln und zibeben (wann du willst, kanst du auch lindes gewürtz darzu nehmen) darein, gilbs und richts über die äpffel, also kanst du auch die birnen machen.

Gefüllte Äpfel

Von 4 mittelgroßen, nicht zu sauren Äpfeln schneidet man einen Deckel ab und höhlt die Äpfel aus. Diese werden mit Mandeln, Zucker und Rosinen gefüllt und mit Hilfe eines Zahnstochers verschlossen. Nun gibt man die Äpfel in eine Pfanne mit heißem Schmalz und läßt sie abgedeckt leicht bräunen und richtet sie in einer Schüssel an.
1 EL Mehl anrösten, mit 1 Tasse Wein und 1 Tasse Wasser ablöschen, Zucker, Rosinen und Mandeln dazugeben und die Soße zu den Äpfeln servieren.

Gedämpffte leber.

Nimm eine kälberne leber, schneide sie zu stücken eyer groß, saltze und gewürtze sie mit nägelein und pfeffer, stecks an spieß, brats doch nicht gar ab darnach legs in eine schüssel, nimm zwiebeln oder knoblauch, hacks, röst's im schmaltz, thue das schmaltz von zwiebeln wieder weg, nim pfeffer, essig, frische butter, lemonien, thue alles an die leber in die schüssel, decks zu, laß auff den kohlen dämpffen.

Gedämpfte Leber

180 g (4 mal) Kalbsleber	1 Prise Pfeffer
300 g Zwiebeln	1 Prise Salz
40 g Schmalz	1 Prise gemahlene Nelken
30 g Butter	1 EL Essig

Die Kalbsleber in mittelgroße Stücke schneiden. Mit Salz, Pfeffer und gemahlenen Nelken würzen und kurz anbraten. Zwiebeln und Knoblauch in Schmalz anschwitzen. Mit etwas Essig ablöschen, Butter und Pfeffer hinzufügen. Alles über die Leber geben und zugedeckt noch etwas dämpfen lassen.

Eine gute speise von weichen hirsch-geweyhen.

Von weichem hirsch-geweyh schneide die spitzlein ab, von selbigen ziehe die haut ab, schneide es in dünne blätlein, legs in ein reindlein, thue butter darein, laß es also wohl brecklen, nimm lemonien-safft darzu, wann du willst, kanst du auch etwas zimmet und muscaten-blüthe darzu geben, ist eine krässtige speise.

Von allerhand warmen speisen.

Ein gefülltes kraut.

Schneide den stengel heraus, machs ein wenig hohl, nimm zwey hände voll mandeln, hack es mit ein wenig kraut=blättlein, röste es im schmaltz, gilbs mit saffran, gewürtz mit ingber, pfeffer, muscaten=blüthe, schlag 2 eyer daran, rührs untereinander, und fülls ins kraut, decks mit kraut=blätlein zu, thue es darnach in eine schüssel, gies warm wasser daran, schmaltz ein wenig, laß es sieden, brenn einen schmaltz daran, und laß es einbreckeln.

Gefülltes Kraut

1 Weißkohlkopf	1 Prise Ingwer gemahlen
20 g Mandeln	etwas Pfeffer
2 EL Schmalz	etwas Muskatblüte
1 Prise Safran	2 Eier

Der Kohl wird vom Strunk befreit und etwas ausgehöhlt. Dann werden 2 Hände voll Mandeln mit einigen Blättern kleingehackt, in Schmalz angeröstet und mit Safran, Ingwer, Pfeffer und Muskatblüte abgeschmeckt.
Das Ganze wird mit 2 Eiern vermischt, in den Kohlkopf gefüllt und mit einigen Blättern verschlossen. Den gefüllten Kohlkopf in einem Topf mit Schmalz und Wasser im Ofen gardünsten.

Von allerhand gebratens.

Einen gefüllten kaphan zu braten.

Man soll den kaphan zum braten einsaltzen, darnach die leber nehmen, je mehr je besser gebröcklet schneiden, und eine kleine gehackte zwiebel in kaphan-fett rösten, auch rockenes brodt fein klein bröcklet geschnitten und roßmarin, petersilgen, majoran, pfeffer darzu thun, und alles in kaphan füllen, mit gesottenen schnecken, austern oder kösten, auch eine gebratene kälberne niern klein hacken, geröstes brodt darunter mischen, und damit füllen.

Gefüllter Kapaun

6 Scheiben Roggenbrot
1,8 kg Kapaun oder Poularde (frisch bratfertig)
1 Zwiebel
150 g Geflügelleber
1 TL Rosmarin (frisch)
3 EL Petersilie
½ TL Majoran
8 Schnecken (aus der Dose)
4 Austern

Das Brot, die Geflügelleber und die Zwiebeln in Würfel schneiden. Die geschnittenen Zwiebeln in Geflügelfett anbraten. Nun die Geflügelleber, das Brot, die Zwiebeln, die Schnecken und Austern, Petersilie, Rosmarin und Majoran miteinander vermischen und mit Salz und Pfeffer würzig abschmecken. Den Kapaun salzen und mit der Masse füllen. Dann im Ofen schön knusprig und saftig braten. Die Füllung kann man auch mit einer geschnittenen Kalbsniere, geröstetem Brot und den angegebenen Gewürzen zubereiten.

Gemms-keule braten.

Nimm die keule, häute sie sauber, bleue sie wohl, daß sie mürbe wird, saltze und spicke sie wohl, stecke sie an und brate sie, und wann sie gebraten ist, so nimm 3 oder 4 gute äpffel, schneide sie klein, röste sie im schmaltz, nimm ein viertelpfund mandeln, schneide sie klein, thue sie darunter, wie auch weinbeerlein, klein und grosse rosinen, gieß süssen wein daran, würtz es nach deinem gefallen, nimm auch ein wenig gerieben brodt daran, gilbs und laß es sieden, gieß darnach solche brüh über die gebratene keule.

Gebratene Gamskeule

1 kg Gamskeule gehäutet und gespickt	2 Äpfel
1 Fl. Tafel-Rotwein	30 g Schmalz
je 50 g Zwiebeln, Karotten, Sellerie	40 g Mandeln
2 Lorbeerblätter	40 g Rosinen
20 Wacholderbeeren	20 g Korinthen
20 Pfefferkörner	½ l Rheinwein
2 Zehen Knoblauch	1 EL geriebenes Brot
2 Nelken	

Die abgehangene Keule häuten und reichlich spicken. Mindestens zwei Tage einlegen, damit sie mürbe ist. Aus der Marinade nehmen, abtropfen lassen, mit Salz und Pfeffer würzen und im Ofen braten. In einem separaten Topf bräunt man klein geschnittene Äpfel und Schmalz, gibt die gestiftelten Mandeln, Weintrauben, Korinthen und Rosinen hinzu. Mit einem lieblichen Wein auffüllen und abschmecken. Danach mit wenig geriebenem Brot binden und noch 10 Minuten kochen lassen. Wenn die Keule gar ist, aus dem Ofen nehmen und mit Beerensoße servieren.

Von allerhand gebratens.

Von allerhand krassen und back-werck.

Feigen zu backen.

Nimm gantze feigen, drücke sie fein übereinander, schneide darzu rinden von einer semmel, auch äpffel, welche rund und breit geschnitten seynd wie die feigen, stecke sie zwischen die feigen an einen hölzern spieß, tuncke es in einen teig, der von mehl und wein angemacht ist, thue es in ein heiß schmaltz, backe es langsam aus, schneide es vom spieß herunter, gieb es mit zucker.

Gebackene Feigen

Ganze frische Feigen mit gleich großen Apfel- und Semmelstücken auf einen Spieß aufziehen, durch einen Teig ziehen, der mit Mehl, Wein und Eiern angemacht ist, und dann in heißem Schmalz ausbacken.

Hollunder zu backen.

Nimm schönes mehl, und warmen wein, samt einem stücklein schmaltz, laß selben im wein zergehen, schütts unter das mehl, schlag drey eyer daran, mach einen teig, tuncke den vorhero wohl gewaschenen und getruckneten hollunder darein, und backe ihn.

Hollerkücherl

Aus 250 g Mehl, 0,35 l warmem Weißwein und ½ EL Schmalz, sowie 2 Eiern einen Teig zubereiten und den vorher gut gewaschenen Hollunder durch den Teig ziehen und in Schmalz oder Planzenöl ausbacken.

Quitten-straubeln zu machen.

Man nehme acht quitten in einen topff, gieß rosen-wasser daran, laß gar weich sieden, darnach schebl man es und schneids blätlicht, treibs durch ein reiter, nim eine gute hand voll mehl, und vier eyer-dotter, und ein gantzes ey, zwantzig gestossene mandeln, und ein wenig rosen-wasser, und eine gute hand voll zucker, nehme schmaltz in eine pfanne, und backs wie die mandel-straubeln, nehme auch so viel butter darzu, wie zu den mandel-straubeln.

Quittenstraubeln

8 Quitten in Rosenwasser kochen, schälen und in Scheiben schneiden. Die Quittenscheiben durch ein grobes Sieb drücken. Mit 5 EL Mehl, 4 Eidottern, sowie einem ganzen Ei, zwanzig gestoßenen Mandeln, etwas Rosenwasser und 5 EL Zucker anrühren. Danach die Masse im Schmalz (Pflanzenöl) backen, wobei man die Portionen mit dem Löffel aussticht.

Aepffel-sträubel.

Nimm 2 eyer und ein wenig wein, mache einen teig an, schneide die äpffel gewürffelt, rührs in den teig, laß etwas schmaltz heiß werden in einer pfannen, gieß die äpffel und den teig darein, backs und kehrs etliche mahl um, nimms heraus, und richts gezuckert an.

Apfelkücherl

4 Eier mit 3 EL Weißwein verrühren und 2 Stück gewürfelte Äpfel dazugeben. 1 EL Mehl und 1 EL Sultaninen daruntermengen. In einer Pfanne Butter heiß werden lassen, die Masse hineingeben und von beiden Seiten backen. Anschließend mit Zimt und Zucker bestreuen.

Salbey zu backen.

Man nimmt schönes mehl, macht einem teig mit kaltem wasser an, daß er schön glatt wird, schlägt ein ey daran, und treibt ihn glatt ab, gießt ein wenig sauren wein daran, nicht viel, macht ihn darnach mit eyer-klar an, dünn wie den strauben-teig, oder noch dünner, nimmt ein wenig schmaltz in den teig, schlägt ihn wacker ab, nimmt darnach schöne salbey, die fein groß und frisch ist, ziehet ihn durch den teig, legt ihn in das heiße schmaltz, gießt das schmaltz mit einem löffel darauf, so werden sie noch grösser, und backen bald, man muß geschwind damit, und das schmaltz heiß seyn, sonst gehen sie nicht auf, hernach kan man sie saltzen.

Gebackener Salbei

125 g Mehl
25 g Wasser
25 g Wein
1 Ei
1 Eiweiß
10 g Schmalz

Aus Mehl und Wasser einen glatten Teig rühren, dazu ein Ei, etwas sauren Wein geben und den Teig gut verquirlen. Anschließend etwas geschlagenes Eiweiß darunter ziehen und flüssiges Schmalz beigeben. Schöne große Salbeiblätter durch den Teig ziehen, ins heiße Schmalz legen und gleichzeitig von oben begießen; dadurch werden sie größer und gehen auf. Die gebackenen Blätter zum Schluß etwas salzen.

Regen-würm zu backen.

Erstlich nimm drey oder vier dotter, zucker und rosen-wasser, und ein wenig anis, mach ein teiglein an von schönem mehl, walge ihn aus, eines messerruckens dick, nimm ein krapffen-rädel, und rädel ein stritzel herab, aber nicht so dick als ein regen-wurm, denn im backen werden sie schon dicker, legs auf einen teller hin und her, wie ein fisch oder regen-wurm, oder zweiffels-knopff, wie du wilst, und legs also gemach in das schmaltz, sie backen sich gar geschwind, kanst auch, hirsch-hörner darvon backen.

Gebackene Regenwürmer

3 Eigelb	200 g Mehl
1 Ei	ein paar Tropfen Rosenwasser
80 g Zucker	½ TL Anis

Das Mehl sieben und ausbreiten. In die Mitte die Eier, Zucker, Rosenwasser und gestoßenen Anis geben. Alles zu einem geriebenen Teig rühren. Den Teig dann zu Würmern ausrollen und im schwimmenden Fett ausbacken.

Gebackene rosen.

Mach einen teig an, wie zum gebackenen salbey, reinige den gelben botzen von den rosen, wältze hernach selbige im teig, backs nicht zu heiß, hernach zuckers und giebs.

Gebackene Rosen

Einen Teig wie zum gebackenen Salbei bereiten (siehe Seite 70). Die Rosenblüten säubern (mindestens 8 pro Person), durch den Teig ziehen und in schwimmendem Schmalz oder Öl bei 160° ausbacken. Anschließend mit Zucker bestreuen und servieren.

Von allerhand kraffen und back-werck.

Von allerhand pasteten und torten.

Cardinals-pasteten.

Nimm eine kleine torten-pfanne, nimm butter-teig, treibe es dünne aus, wie einen thaler dicke, lege es in die torten-pfanne, fülle es an mit kalbfleisch oder geflügel, das roh oder gequellt ist, thue eben so viel ochsen-marck darein, saltz es mit gesaltzen gewürtz: du kanst darunter nehmen zirbernüsse, kleine wein-beerlein oder kleine rosinen, und hart-gesaltzene eyer-dotter. Wann die pastete gefüllt ist, so decke sie zu mit butter-teig, wilst du sie süsse haben, so giess, wenn sie halb gebacken, eine süsse suppe darein.

Kardinals-Pastete

600 g Blätterteig
600 g Kalbfleisch
200 g Ochsenmark
150 g Pinienkerne
50 g Rosinen
4 Eigelb gekocht
½ TL Pastetengewürz
etwas Salz

Eine Springform mit Blätterteig auslegen, kleine Stückchen Kalb- oder Geflügelfleisch und Ochsenmark im Verhältnis 1:1 hineinfüllen. Das Fleisch mit Pastetengewürz und Salz abschmecken. Darunter Pinienkerne, Rosinen und hartgekochtes Eigelb geben. Wenn die Form gefüllt ist, mit Blätterteig abdecken und bei mittlerer Hitze ca. 45 Minuten backen.

Von allerhand pasteten und torten.

Eine englische pastete zu machen.

Nimm einen jungen haasen, reinige ihn sauber, schneide den kopff und die füsse weg, schlage die rippen wohl nieder, und spicke ihn wohl mit speck. Wann der haase nun also bereitet, so treibe ein stücke teig aus, lege es auf einen bogen papier, nimm eine gute hand voll ochsen-marck oder ochsen-fett klein gehackt, streue es auff den teig, der ausgetrieben ist, so lang und breit als der haase ist, würtze es mit gesaltztem gewürtze, lege den haasen darauff, würtze ihn ab mit gesaltztem gewürtze, lege oben auf den haasen wieder ochsen-marcks, kleine weinbeerlein oder rosinlein, zirber-nüßlein, conficirte citronen-schalen klein geschnitten, schwammen oder morcheln, geschelte pistatzen, kälber-brößlein, hahnen-kämme, die gequellt oder gebrüht seyn, harte eyer-dotter und capern. Dieses alles durcheinander gemenget, auff den haasen gelegt, sträue eine gute hand voll marcks darüber, schneide auch etliche breite speck-schnitten darüber, und dann ein halb pfund frische butter, oben auf die butter eine gute hand voll gestossenen zucker. Wann die pastete gefüllt und zugericht ist, so decke sie zu, bestreich sie mit eyer, schieb sie in ofen, laß sie backen. Wann sie eine halbe stunde im ofen gewesen, so mache ein loch in die mitten des deckels, damit sie nicht entzwey gehet, in 2 stunden ist sie gebacken. Ich habe auch wohl gesehen in Engelland, daß etliche ein wenig muscaten-nuß mit rosen-wasser darein gethan haben. Wann die pastete gar ist, so ziehe sie aus dem ofen, und streich mit einem messer ein wenig marzepan-eiß, von zucker, eyer-weiß und rosen-wasser darüber. Wann du es also dünn bestrichen, so setz die pastete wieder in ofen, ungefehr eine halbe viertelstunde, damit das eyß weiß bleibt, und nicht braun wird, wann das eyß trucken, so ziehe die pastet: heraus, gieb sie im augenblick auff den tisch.

Englische Pastete

1 kleiner Hase (4–5 Pfund)	50 g Pistazien
200 g frischer Speck	150 g Kalbsbries (gekocht)
800 g Pastetenteig (Blätterteig)	4 Hahnenkämme
100 g Ochsenmark	4 Eigelb, gekocht
20 g Zitronat	10 g Kapern
40 g Rosinen	50 g Butter
20 g Morcheln, getrocknet	1 TL Zucker

Einen jungen Hasen säubern. Die Läufe, den Kopf und die Rippenknochen entfernen, dann gut spicken. Pastetenteig ausrollen in der Größe des Hasens. Den Teig auf Papier legen und mit gehacktem Ochsenmark, Salz und Pastetengewürz bestreuen. Den Hasen darauflegen und wieder mit Ochsenmark, Salz und Pastetengewürz bestreuen. Dazu noch Zitronat, Rosinen, Morcheln, Pistazien, Kalbsbries, Hahnenkämme, gehacktes Eigelb und Kapern gut vermischt auf den Hasen geben. Dann nochmals mit gehacktem Ochsenmark, Speckscheiben und Butter belegen. Auf die Butter Zucker streuen. Den Hasen mit Teig abdecken, an den Seiten gut verschließen, mit Ei bestreichen und etwa 2 Stunden langsam backen. Nach etwa einer halben Stunde oben ein Loch in den Teig machen, damit die Dämpfe entweichen können.

Brabantische pasteten.

Nimm von allerley geflügel den hals, die flügel, den magen, die leber, das eingeweid von spaan-ferckeln oder lämmern, wasche alles aus 3 oder 4 wassern und zerschneide es. Thue alles zusamen in ein erdenes geschirr, würtze es, hacke petersilgen mit speck, und thue darein auch schwamen oder morcheln, grüne wein-beerlein, cardi, spargel und artschocken klein geschnitten. Treibe eine pastete auf vom mürben teige, fülle es mit dem vorbesagten, schneide aber darauf etliche speck-schnitten, ziemlich viel frische butter. Decke die pastete zu, bestreich sie mit eyr, binde sie mit papier, mach ein loch in der mitten des deckels, schieb sie in ofen, wenn sie gar ist, so fülle durch ein trichterlein weisse Dotter-suppe darein, setz sie wieder eine halbe viertelstunde in ofen.

Brabantische Pastete

Hals, Leber, Magen von einem Huhn	100 g Artischockenherzen
Leber, Lunge, Herz, Nieren von einem kleinen Spanferkel	200 g Speck zum Auslegen
	2 Tassen Sahne
1 TL Petersilie	2 Eigelb
150 g Speck	750 g Mürbteig
100 g Champignon frisch	1 EL Salz
150 g Trauben entkernt	1 Prise Pfeffer
100 g Spargel	1 Prise Pastetengewürz

Man nimmt vom Geflügel Hals, Leber, Magen und die Flügel, vom Spanferkel oder Lamm die Innereien, schneidet alles klein, gibt es in eine Schüssel und würzt es mit Salz, Pfeffer und Pastetengewürz. Dazu gibt man gehackte Petersilie, gewürfelten Speck (frisch), Champignons oder Morcheln, weiße Trauben, Cardi, Spargel und klein geschnittene Artischockenherzen. Eine Pastetenform wird mit Mürbteig ausgelegt, mit der Farce gefüllt und mit reichlich Butter und Speckscheiben belegt.
Dann mit ausgerolltem Teig abdecken und mit Eigelb bestreichen. In der Mitte ein kleines Loch ausstechen und im Ofen backen.
Wenn die Pastete gar ist, in die Öffnung Sahne mit Eigelb verrührt, einfüllen, und noch ca. 25 Minuten im Ofen lassen.

Princessen-pasteten.

Nimm zucker-teig, mach kleine pasteten in kleine blechene model oder formen, auff das dünnest als du kanst, thue eine gebratene kaphahn-brust darein, die gehackt ist mit ochsen-marcks, würtz es mit gesaltzner würtze, du kanst darunter mengen schwämme oder morcheln in butter gekocht, und andere gute sachen. Wann sie gefüllt, so decke sie mit demselben teige, in einer viertelstund seynd sie gebacken.

Prinzeß-Pastete

Kleine Formen mit dünnem ausgerolltem Mürbteig auslegen. Diese werden mit gebratener Hähnchenbrust, kleingeschnittenem Ochsenmark und in Butter gedünsteten Mandeln gefüllt. Das Ganze zuvor mit Salz, Pfeffer und 1 Prise Pastetengewürz abschmecken. Die Formen mit einer dünnen Teigschicht abdecken und im Ofen ca. ¼ Stunde backen.

Von allerhand torten.

Eine spinat-torte zu machen.

Man soll schönen jungen spinat nehmen, mit heissen wasser überbrennen, oder abbrühen, und wohl ausballen, darnach gar klein hacken, und darunter hacken ein theil eyer-töpfflein, das fein ausgesiegen ist, und in eine gute milch geweichte semmel-schmollen, und mit eyer-dotter, und guter süsser obermilch anmachen, zu rechter dicke, und fein linde saltzen, und wenn mans in die torten-pfanne giest, den boden zuvor mit butter überlegen, auch oben darauf und also backen, und warm geben, wer gern will, mag auch ein wenig bertram darunter nehmen, sie wird gar wohl geschmack darvon.

Spinattorte

750 g Spinat
3 gekochte, gehackte Eier
6 Semmeln ohne Rinde
½ l Milch
1 Tasse Sahne
3 Eigelb
1 TL Estragon gehackt
etwas Salz
1 Prise Muskatnuß

Jungen, frischen Spinat kurz brühen, gut ausdrücken und fein hacken. Darunter gehacktes Ei, in Milch eingeweichte und ausgedrückte Semmeln ohne Kruste, Eigelb, Sahne, Salz, Muskatnuß und etwas Estragon hinzufügen. Den Spinatteig in eine gut gebutterte Kuchenform geben. Oben noch einige Butterflocken darauflegen und dann im Ofen bei mittlerer Hitze backen.

Von allerhand torten.

Eine Romanische crostada.

Nimm mund-meel, mache einen linden teig an mit warmen wasser und ein wenig saltz, arbeit ihn mit den händen eine gantze stunde, oder schlage mit einem prügel, daß er zäh wird, theile ihn in 10 oder 12 theil, walge jeden theil gantz dünn aus, nim es auf die hände, ziehe es so dünn mohnblat, daß du dardurch sehen kanst. Nim schweinen schmaltz, zerlaß in einem saubern hafen bestreiche jedes blat damit, lege die helffte in eine torten-pfanne, eines auf das ander, jedes wohl bestrichen. Mache eine fülle von den besten birnen, die du haben kanst, schneide sie klein und dünn, lege sie in die torte, streue wohl zucker darein, deck- den rest der blätter darüber, ein iedes aber wohl bestrichen mit schweinen-schmaltz, das öberste kanst du mit einem messer ein wenig hacken, wann es gebacken, so bestraue es mit zucker.

Romanische Crostada

400 g Strudelteig
500 g reife Birnen (geschält)
120 g Zucker für die Birnen
Schmalz (Butter)
100 g Zucker zum Bestreuen

Den Strudelteig in 12 Stücke teilen und hauchdünn ausziehen. Die Hälfte in eine Kuchenform aufeinanderlegen, wobei man jede Schicht mit flüssigem Schmalz bestreicht. Nun gibt man die dünn geschnittenen Birnen mit reichlich Zucker darauf. Mit den restlichen Teigplatten, die ebenfalls mit Schmalz bestrichen werden, bedeckt man die Birnen. Die oberste Schicht mit dem Messer etwas einschneiden. Im Ofen backen und anschließend mit Zucker bestreuen.

Eine gute kräuter-torte zu machen.

Nimm roßmarin, majoran, salbey, petersilge, viermal so viel mangolt, hacks und rösts im schmaltz, thue geröst semmel-mehl und geriebenen käse darunter, ingber, pfeffer, drey oder vier eyer, saltz es, thue wein-beerlein und butter darein, mach eine torte daraus, wie man pflegt, bestreich es mit gelben von dem ey, und laß es backen, du kanst zucker darauf sträuen, so du wilst; aus dieser fülle, so aber dicker gemacht werden soll, krapffen im schmaltz backen, wenns mit einem teig umgeben worden ist.

Kräutertorte

1 kg Mangold frisch
1 TL Majoran
½ TL Salbei
4 EL Petersilie
1 TL Rosmarin
1 EL Schmalz
100 g Semmelbrösel
150 g geriebener Käse (Emmentaler)
2 Eier
60 g Butter
1 Prise Ingwer
1 Prise Pfeffer
etwas Salz
60 g Rosinen

Frische Kräuter: Rosmarin, Majoran, Salbei, Petersilie und Mangold fein hacken. Anschließend in Schmalz anschwitzen.
Geröstete Semmelbrösel, geriebener Käse, Ingwer, Pfeffer, Salz, Rosinen, Eier und Butter daruntermischen.
Aus dieser Masse eine Torte formen und bei mittlerer Hitze backen. Man kann sie nach Belieben anschließend mit Zucker bestreuen.
Aus der gleichen Masse kann man auch Krapfen machen, muß sie aber in Teig einschlagen und im Fett backen.

Von allerhand speisen, von fischen.

Hechte in Pohlnischer suppe.

Man soll den hecht schuppen, zu stücken schneiden, und einsaltzen, und 1 oder 2 stunden, nachdem der fisch groß ist, im saltz liegen lassen darnach soll man nehmen eine hand voll erbsen, eine hand voll zerschnittene zwiebeln, etliche petersilgen-wurtzeln, die sauber gepuzt seyn, 2 oder 3 semmel-schnitten im schmaltz geröst, in einem wasser sieden lassen, biß er sich durchschlagen läst, darnach durch ein sauberes sieb durchtreiben, alsdann gieß wein daran, daß du vermeynst, daß düne genug sey, gewürtz es wohl mit pfeffer, ingber, muscaten-blüthe und saffran: den fisch aus dem saltz abstreichen, und in die suppe legen, und sieden lassen, alsdann ein stücke zucker und butter darein legen, und an die statt sieden lassen.

Hecht in Polnischer Soße

1 Hecht	1 Prise Pfeffer
400 g Erbsen	1 Prise Ingwer
150 g Zwiebel	1 Prise Muskatblüte
100 g Petersilienwurzel	1 Prise Safran
1 Brot	etwas Butter
4 Semmelscheiben geröstet	etwas Zucker
¼ l Moselwein	

Einen mittelgroßen Hecht, 1½ kg, schuppen, filieren und in Portionen schneiden. Mit Salz einreiben und ca. 1 Stunde einziehen lassen. Die Erbsen, geschnittene Zwiebeln, Petersilienwurzeln und geröstete Semmelscheiben mit wenig Wasser weich kochen und anschließend pürieren. Den Wein dazugeben und mit den genannten Gewürzen abschmecken. Das Salz vom Fisch kurz abspülen, in die Suppe legen und langsam ziehen lassen. Mit etwas Zucker und Butter verfeinern.

Einen gefüllten hecht zu machen.

Man soll einen mittelmäßigen hecht am bauch auffthun, wie einen bratfisch, das eingeweide heraus thun, sauber waschen und saltzen, darnach ein stücklein von einem andern hecht nehmen, klein hacken, und darunter eine gute geweichte semmel-schmollen, eine hand voll nicht gar klein gestossene mandeln, und ein brocken butter, pfeffer, muscaten-nüsse, bertram und weinbeerlein, daran soll man schlagen ein ey, und in den hecht einfüllen, und ihn auff dem rost braten, und offt schmieren, darnach eine gute capar-suppe darüber machen.

Gefüllter Hecht

Einen mittleren Hecht, 1½ kg, schuppen, ausnehmen, waschen und salzen. Aus dem Hechtfleisch, den in Milch eingeweichten Semmeln, Eiern, Mandeln, Rosinen und Butter eine Füllung bereiten. Diese wird mit Pfeffer, Estragon, Muskatnuß gewürzt. In den Hecht einfüllen und in einer Kasserolle im Ofen braten. Den Fisch des öfteren mit Bratfett übergießen. Den fertigen Hecht mit Kapernsoße servieren.

Pastete mit Hechtkraut

Einen kleinen Hecht, 1 kg, mit Gemüse pochieren (langsam sieden) und anschließend das Fleisch von Haut und Gräten befreien. Gekochtes Sauerkraut, 250 g, das Hechtfleisch, einige Körner Pfeffer und Butter lagenweise in eine Form mit Blätterteig geben. Das Pastetchen abdecken und im Ofen backen. Kurz bevor es fertig ist, gießt man etwas Sahne in die Pastete und läßt sie noch für ein paar Minuten im Ofen.

Einen gesottenen hecht in capern.

Wann der hecht sauber geschüppt, und im salz, so viel nöthig, gelegen ist, soll man ihn mit halb wein und halb eßig sieden, und in eine schüssel legen, halb wein und erbis-suppe daran giessen, darnach eine hand voll fein ausgewaschene capern darzu legen, hernach ein wenig öl in einer pfanne heiß machen, und abschröcken, darzu so viel schmaltz legen, und ein wenig zwiebel fein gelb darein rösten, und auch darzu schütten, auch pfeffer, ingber und muscaten-blüthe darzu thun, und also miteinander lassen sieden.

Hecht in Kapernsoße

Den in Portionen geschnittenen und gesalzenen mittelgroßen Hecht, 1 $^1/_2$ kg, in einem Sud, welcher aus $^1/_4$ l Weißwein und $^1/_8$ l Weinessig besteht, halb garen. Den Hecht in eine passende Schüssel geben und mit $^1/_8$ l Weißwein und $^1/_2$ l Erbsensuppe auffüllen. Frische, gut gewaschene Kapern beifügen und den Hecht mit in Öl goldgelb gerösteten Zwiebelwürfeln begießen. Mit Pfeffer, Ingwer, Muskatblüte verfeinern und dann noch etwas sieden lassen.

Gefüllten stock-fisch.

Schuppe den stock-fisch, löse das fleisch sauber von der haut ab, nimm ein wenig stock-fisch, klein geschnittene grüne petersilge, gröblicht gestossene mandeln, schlag 5 oder 6 eyer daran (wilst du, so kanst du die eyer in eine geriebene und in butter geröste semmel schlagen) würtz es mit pfeffer, ingber und muscaten-blüthe, füls in die haut, machs wohl zu, laß es in einem wasser überbrennen, alsdann lege ihn auf einen rost, und las ihn braten, begies ihn offt mit butter.

Gefüllter Stockfisch

4 Stücke Stockfisch einweichen, abschuppen und das Fleisch sauber von der Haut trennen. Einen Teil vom Fleisch mit feingehackter Petersilie, gehackten Mandeln, Eiern und in Butter gerösteten Semmelbröseln mischen. Mit Pfeffer, Ingwer, Muskatblüte würzen. Alles in die Haut füllen und zunähen. Den gefüllten Fisch in leichtem Salzwasser überbrühen; anschließend auf dem Grill braten und ständig mit Butter einstreichen.

Eine speise von karpffen-zungen

Nimm etliche karpffen-zungen gantz aus dem maul, legs in ein geschirr, gieß heiß wasser darauf, schabe den schleim herunter, wasch sie sauber im kalten wasser aus, lege frische butter in eine schüssel, die zungen darauf, schneide lemonien-schalen darauf, sträue semmel-bröslein darauf, thue muscaten-blüthe daran, laß also schön weiß sieden, wenn du sie wilst aufgeben, so drucke den frischen lemonien-safft darauf, und giebs.

Gedünstete Karpfenzungen

Mehrere Karpfenzungen mit kochendem Wasser überbrühen, den Schleim abschaben und dann in kaltem Wasser gut waschen. Die Karpfenzungen in einen Topf geben und mit Butter, etwas Zitronenschale, Semmelbröseln, einer Prise Muskatblüte weichdünsten. Vor dem Servieren mit Zitronensaft beträufeln.

Von allerhand speisen, von fischen.

Von allerhand speisen, von fischen.

Frischen lachs in pohlnischer suppe.

Nimm frischen lachs, backe ihn im schmaltz, nimm zwiebeln und äpffel, thu es in ein pfännlein, gieß wein darauf, laß es sieden mit zimmet und zucker, mache es ein wenig säuerlicht, streich es durch auf den gebackenen lachs, laß es auffsieden und giebs.

Lachs in Polnischer Soße

Den Lachs würzen und in der Pfanne braten. 150 g Zwiebeln und Äpfel mit Zimt, Zucker und Weißwein dünsten, mit Zitronensaft etwas säuerlich abschmecken, durch ein Sieb streichen und über den gebratenen Lachs geben.

Einen fisch zu braten.

Nimm einen brat-fisch, was du für einen wilst, schüppe ihn, thue ihn auff, thue das eingeweide heraus, nimm saltz, pfeffer, ingber, nägelein, zimmet, auch roßmarin, majoran, und das eingeweide, hacke es untereinander, thue es in den fisch hinein, mache ihn zu, reibe ihn wohl mit saltz und gewürtze, und lege ihn in einen tiegel, und brate ihn, treiffe ihn wohl mit öl und eßig, es ist lange gut davon zu essen. Du magst auch wohl den fisch auswendig mit salbey-blätter belegen, die schleyen seyn sehr gut, so man sie also macht.

Gebratener Fisch

Einen Bratfisch (Schleien schmecken besonders gut) schuppen und ausnehmen. Aus den Innereien, Salz, Pfeffer, Ingwer, Nelken, Zimt, Rosmarin und feingehacktem Majoran eine Füllung bereiten, in den Fisch geben und diesen zunähen. Dann den Fisch außen mit den gleichen Gewürzen einreiben, mit Salbeiblättern belegen und unter ständigem Begießen in Öl und Butter braten.

Karpffen in einer gelben suppe.

Man soll den karpffen schüppen, und zu stücken machen, und einsaltzen, darnach in guten wein sieden, wenn er verschäumt hat, eine hand voll brösel rockenes brodt darzu thun, auch saffran, zucker, ingber, pfeffer und zimmet darzu thun, und an die statt lassen sieden, wenn man anricht, zimmetstaub darauf sträuen.

Karpfen in Gelber Soße

Den Karpfen, 1½ kg, schuppen, in Stücke teilen und leicht einsalzen. Anschließend in ½ l Moselwein langsam sieden lassen und dann 4 EL geriebenes Roggenbrot, Safran, Zucker, Ingwer, Pfeffer und Zimt je nach Geschmack hinzufügen. Das Ganze nocht etwas ziehen lassen und vor dem Anrichten mit Zimt bestäuben.

Hausen und allerhand andere fische zu mariniren.

Erstlichen schneide den hausen in stücken eines fingers dicke, saltz ihn recht, und sied ihn ab in wasser und eßig, doch daß der eßig vorschlägt, laß ihn kalt werden, leg ihn in ein fäßlein oder tiegel, der glasirt, so offt eine lage hausen, iedesmal lorbeer-blätter, roßmarin, pfeffer darauf, alsdenn gieß eßig daran, daß er darüber gehet, wenn du ihn auf die tafel giebst, kanst du ein wenig baumöl darüber giessen. Also kanst du hechte, ferchen, sälbling und schleien machen.

Marinierter Hecht

Hecht oder Schleie in fingerdicke Scheiben schneiden, diese gut salzen und in Essigwasser kurz sieden. Den Fisch dann erkalten lassen und lagenweise mit Lorbeerblättern, Rosmarin und Pfefferkörnern je nach Geschmack in einen Steinguttopf legen, mit Essig auffüllen und 48 Std. durchziehen lassen. Vor dem Servieren etwas Olivenöl darüber geben.

Auf eine andere manier.

Schneide den hausen wie oben, laß ihn eine weile im saltze liegen, bestreiche ihn wohl mit öl, lege ihn auf den rost, und brate ihn schön rößlicht, daß er nicht verbrenne, wenn er gebraten, leg ihn in ein fäßlein wie oben, so offt eine lage hausen, so offt muscaten=blüthe, nägelein, pfeffer, lemonien=schalen, lorbeer=blätter und roßmarin darzwischen, diß so offt, biß das fäßlein voll ist, hernach begiesse ihn mit baum=öl, schütte eßig daran, und beschwere ihn mit etwas, oder schlage das fäßlein zu, kanst ihn also behalten, oder ver=schicken, wohin du wilst. Also macht mans auch mit den hechten, ferchen, sälbling, und andern guten fischen.

Hecht auf andere Art

Hecht oder Schleie in Scheiben schneiden, mit Salz bestreuen und eine Weile liegen lassen. Dann mit etwas Öl auf dem Grill knusprig braten. Den Fisch lagenweise mit Muskatblüte, Nelken, Pfefferkörnern, Zitronenschale, Lorbeerblättern und Rosmarin in einen Steinguttopf geben. Mit Oliven, Öl und Essig auffüllen, mit einem Teller beschweren und mit Klarsichtfolie abdecken. Die Fische 48 Std. in der Marinade durchziehen lassen. (Gewichte wie bei Rezept S. 88.)

Meer-spinnen zu kochen.

Laß sie tag und nacht im wasser liegen, hernach in einer subtilen lauge auch tag und nacht, seynd sie hart, mach wieder eine andere subtile lauge, wenn sie weich genug, lege sie wieder einen tag in frisch wasser, hernach brats in butter oder baum-öl, würtz sie mit wenig saltz und pfeffer, drücke lemonien-safft darauf, und giebs.

Gebratene Meerspinnen

Die Meerspinnen 24 Stunden in Wasser legen, anschließend 24 Stunden in eine milde Lauge legen und, wenn sie weich geworden sind, wieder in frisches Wasser geben. Danach die Meerspinnen in Butter oder Olivenöl, gewürzt mit Pfeffer und etwas Salz, braten und mit Zitrone servieren.

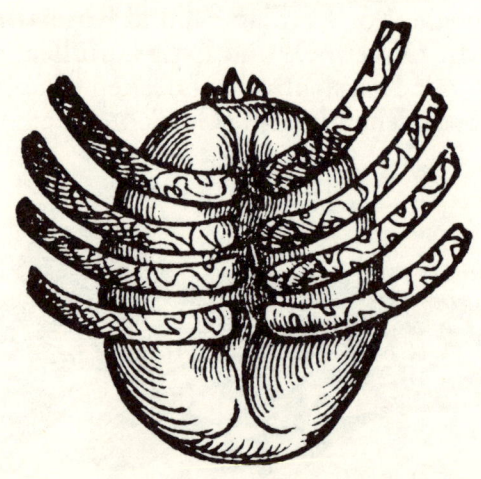

Knöpfflein von fischen zu machen.

Erstlich siede die fische, wie sie seyn sollen, klaube die gräten darvon, hacke den fisch klein, saltze und würtze ihn nach deinem gefallen, welgere es im mehl, und lege es in ein heisses schmaltz, backs, und mache ein brühlein mit wein und geriebenen pfeffer-kuchen, gilb es mit saffran, und mach es ein wenig süß, so seynd sie gut.

Fischpflanzerl

6 Weißfische wie üblich kochen, anschließend das Fleisch von den Gräten lösen und feinhacken. Den Fisch salzen, mit Dill und Basilikum würzen, in Mehl wenden und in heißem Schmalz backen. Von ¼ l Weißwein, geriebenen Pfefferkuchen, einer Prise Safran und etwas Zucker eine warme Soße bereiten und zu den Fischpflanzerln servieren.

Krebs-butter zu machen.

Erstlich nimm ziemlich viel krebse, sied sie ab in frischem wasser, hernach nimm von krebsen die schären und schwäntze, so ziemlich viel seyn müssen, löse das fleisch heraus, zerstosse es auf das kleinste, nimm auf ein halb pfund frische butter, drey lebendige mittlere krebse, stosse sie unter die obige zerstossene krebsschären, alsdenn nimm eine neue schüssel, so vorhero mit wasser abgebrennt ist, setz aufs kohl-feuer, leg das halbe pfund butter in die schüssel, schütt das gestossene darzu, und rührs stets um, laß eine weile sieden, hernach nimm eine schüssel, und ein weisses tüchlein, seyhe die warme butter durch das tüchlein, setz an einen kühlen ort, laß sie stehen, brauche sie nach belieben.

Krebsbutter

10 Krebse kurz abkochen, Scheren und Schwänze ausbrechen. Die Karkassen (Krebsgehäuse) sowie das Fleisch fein zerstoßen, mit 250 g Butter anschwitzen und etwas Krebsfond beifügen. Anschließend 15 Minuten kochen lassen, abpassieren und kalt stellen.

Von allerhand speisen, von fischen.

Mundtschenck

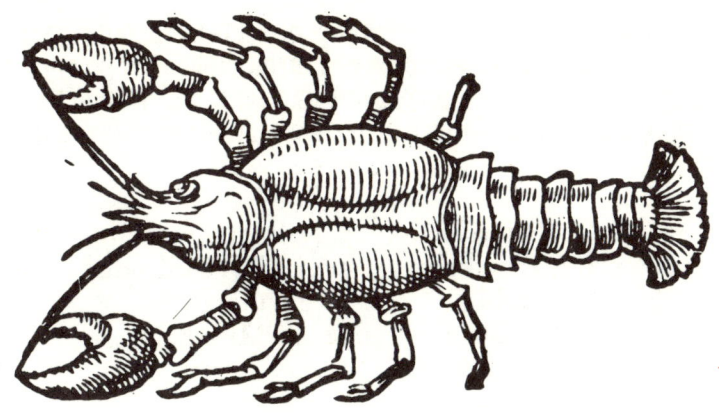

Gefüllte krebſe.

Nimm ſchöne groſſe krebſe, ſiede ſie, darnach thue die ſchalen darvon, hacke die krebſe mit peterſilgen klein, nimm friſches ſchmaltz, muſcatenblüthe, ingber, pfeffer, ſaltz und geriebene ſemmel, rühre es wohl untereinander, fülle es in die hülſen, ſtecke allweg zwey gegeneinander, lege ſie auf den roſt, begieß mit butter, du magſt ſie auch wohl an ein ſpießlein ſtecken, und mit butter betrieffen.

Gefüllte Krebse

24 Stück schöne, große Krebse sieden und ausbrechen. Das Krebsfleisch mit Petersilie kleinhacken, zusammen mit Schmalz, Muskatblüte, Ingwer, Pfeffer, Salz und Semmelbrösel gut vermengen und in die Krebsschalen füllen. Zwei Krebsnasen gegeneinander gelegt auf den Grill legen und mit Butter beträufeln. Man kann sie auch auf Spieße stecken und dann mit Butter beträufeln.

Muſchel-ſuppe.

Nimm ſchmaltz in einem tiegel, laß es heiß werden, ſchneide zwiebeln und grüne peterſilgen, ſamt ein löffel voll mehl, alsdenn röſte alles zuſamen, gieß wein daran, zerriebenen pfeffer und nägelein, 2 löffel voll baum-öl und butter, waſch die muſcheln ſauber im wein aus, ſiede ſie in dieſer ſuppe.

Muschelsuppe

1 EL Petersilie
100 g Zwiebeln
3 EL Mehl
1 Fl Weißwein
15 Pfefferkörner
2 Nelken
2 EL Olivenöl oder Rahm
15 g Butter
32–40 Muscheln

Die Zwiebeln in Würfel schneiden, Schmalz in einem Topf heiß werden lassen und die Zwiebeln mit der Petersilie darin anschwitzen. Mit dem Mehl bestäuben und alles etwas rösten. Den Wein, Pfefferkörner und Nelken beigeben. Dann Olivenöl und Butter dazugeben. Das Ganze mit den gesäuberten Muscheln einige Minuten kochen lassen.

Muſchel-ſuppe auf eine andere manier.

Laß das ſchmaltz heiß werden, röſte brodt-bröſel und knoblauch, gieß wein daran, geſtoſſenen pfeffer und nägelein, baum-öl und butter, waſch die muſcheln etliche mahl im wein aus, ſieds in obiger ſuppe.

Eingemachten biber.

Nimm einen biber, quelle ihn im wasser, thue ihn in ein geschirr, gieß eine gute erbes-suppe darüber, thue petersilgen-wurtzel, gesaltzene lemonien, frische butter, gewürtz, und ein wenig wein darauff, gilbs, laß es sieden, brenn es ein klein wenig ein, und giebs.

Eingemachter Biber

Das getrocknete Biberfleisch in Wasser quellen lassen und in einen Topf geben. Eine gute Erbsensuppe darüber gießen und Petersilienwurzeln, gesalzene Zitronenschalen, Butter, Salz, Pfeffer, eine Prise Safran und etwas Weißwein hinzufügen. Alles sieden lassen und mit einer Mehlschwitze leicht abbinden.

Eine rare fisch-olli zu machen.

Einen halben geselchten hecht die haut hinweg, und gekocht an die stelle.
8 kleine sälblinge blau abgesotten, und gantz gelassen.
2 Reinacken geselcht, die haut darvon und übersotten.
4 Spissel-reitterlein müssen gantz bleiben, übersotten die haut darvon.
5 Brieggen zu vier theil zerschnitten.
3 Pickel-häring, die haut und gräten weg, auf dem rost in butter lassen anlauffen.
4 Frische häring in vier theil zerschnitten, den kopff hinweg und gebacken.
6 Halbpfündige bretzen-hechte blau abgesotten.
1 Seidel gründel blau abgesotten, in butter-suppe gemacht.
1 Seidel koppen im mehl gebacken.
8 Kleine rutten blau abgesotten, in butter gemacht.
6 Kleine linguatali auf dem rost mit mehl gebraten.
6 Ziberlein, wälsche fische bleiben gantz, in dotter-suppe gemacht.
3 Kreutzer oder vor 9 pf. weisse violen übersotten, die suppe weg.
6 Kreutzer oder 18 pf. welsche kästen gebraten und geschält.
3 Kreutzer oder 9 pf. steck-rüben gantz kleine weisse, übersotten.
Kleine weisse rüben gewürffelt geschnitten, und im schmaltze braun geröstet.
6 Kreutzer oder 18 pf. kohl proculi übersotten, und in butter gekocht, gantz gelassen.
3 Kreutzer oder 9 pf. schönen pasternat übersotten, und im mehl gebacken.
2 Stück cardi übersotten, in der butter angelauffen, zu stücklein geschnitten.
8 Kreutzer oder 8 dreyer gereinigte pöperlein übersotten und weiß gelassen.
4 Kreutzer oder vier dreyer zellerie überbrennt, in vier theil zerschnitten, und in dotter-suppe gemacht.
4 Büschlein fenichel, der kleinest, wie er im winter wächset, in warm wasser anlauffen lassen.
4 Büschlein spargel übersotten.
30 Schnecken gereiniget und gebraten am spisse ohne häusser, darauf gelegt.
6 Kreutzer oder 18 pf. datteln gesotten.
1 Viertel-pfund capern darauf gesträuet.
1 Viertel-pfund oliven die kern weg, darauf gesträuet.
1 Halb pfund kleine gesaltzene meer-spinnen ausgewaschen, eine iede muß besonder gantz gebacken werden, damit sie krauspen bleiben.

1 Halb pfund eingemachte welsche krebse, die müssen gebacken werden samt den schalen.
1 Gute hand voll artopholi, die schalen gereiniget, geblättert geschnitten, in butter geröst, oben darauf gestreuet.
1 Hand voll zirber-nüssel und pistazien gereiniget, darüber bestreuet.
100 Austern ausgelöst in einer schüssel in butter und lemonien-safft geröst, oben darauf gegossen, auch ein cefali darauf gelegt.

Dieses gehöret alles auf eine schüssel, schön ordentlich aufgericht, die geselchten fische in die mitten, die andern aber herum, die kleine sachen müssen besonder in schüsseln gemacht werden, ausgenommen das geselchte kan man drey- oder viererley zusammen legen, damit die speise von den geräucherten fischen keinen geschmack bekomme, mit linden gewürtze abgewürtzt, und von den kleinen sachen die suppe zusammen, und darüber gegossen.

Dieses Rezept gibt Aufschluß über die Üppigkeit des ausgehenden Mittelalters und der beginnenden Barockzeit sowie des ausgewählten Geschmacks dieser vergangenen Zeit. Für wieviele Esser dieses Ohli-Rezept gedacht war, ist nicht mehr rekonstruierbar.

Gespickte schnecken.

Siede die schnecken, reinige sie sauber, spicke sie schön mit einer kleinen spicknadel, stecks an ein spießlein laß abbraten, daß der speck härtlicht werde, richts alsdann auff eine schüssel, laß etwas butter braun werden, schütte sie darauff, und drücke lemonien-safft darüber.

Gespickte Schnecken

24 Schnecken sieden und reinigen. Mit einer feinen Spicknadel spicken, auf einen Spieß stecken und anbraten lassen, so daß der Speck knusprig wird. Anschließend braune Butter über die Schnecken geben und mit Zitronensaft beträufeln.

Gehackte schnecken.

Siede die schnecken, löse sie aus den häusern, und wasche sie bis 12 mahl, alsdann zerlasse frische butter, schütte die zuvor klein gehackte schnecken mit petersilgen, pfeffer und muscaten-blüthe darein, laß ein weil überpregeln, fülls alsdann wieder in die häuser, und giebs auf die tafel. Besser aber wann du sie auf saubere auster-schalen legst, und ein wenig auff dem roste bratest, und lemonien-safft darauff giessest.

Gehackte Schnecken

24 Schnecken sieden und aus den Häusern lösen. Anschließend ca. 12mal waschen und klein hacken. Butter zerlassen und die gehackten Schnecken mit Petersilie, Pfeffer und Muskatblüte hinzugeben. Alles zusammen anschwitzen und wieder in die Schneckenhäuser füllen.
Besser ist es, alles auf saubere Austernschalen zu legen, die zuvor im Ofen heiß gemacht wurden. Diese dann mit Zitronensaft beträufeln.

Von allerhand sachen.

Die guten geselchten rastraun-schlegel zu machen.

Erstlich nimmt man die zwey schlegel oder keulen, und saltzt es gar wohl, absonderlich wo das fett ist, da muß man recht das saltz hinein stecken, dann thut mans in ein schaff oder hölzern gefäß, und giest alle tage die suppe herunter und wieder darauf, und läßts fünff oder sechs tage also liegen, oder noch etwas länger, darnach henckts in rauch, auch fünff oder sechs tage, sie müssen stätigs mit wacholder-stauden geselcht oder geräuchert werden, und man muß offt darzu sehen, daß sie nicht zu wenig oder zu viel seyn, sie werden grade trucken und feste, wann sie genug seyn. Sied ein, laß ihn kalt werden, wann du willst, schneide stücken darvon, mach eine saure milch-rahm-suppe darüber mit capern, laß auf einer schüssel eine weile sieden.

Geselchter Rastraunschlegel

Einen Schinken gut einsalzen, besonders stark an der Fettseite. Den Schinken in ein Steingut- oder Holzgefäß legen und 6 Tage darin liegen lassen. Die Lake immer wieder abschütten und über den Schinken geben. Den Schinken anschließend 6 Tage in den Rauch hängen, mit Wacholdersträuchern räuchern. Es muß darauf geachtet werden, daß ein gleichmäßiges Räuchern stattfindet, damit der Schinken schön trocken und fest wird. Der Schinken wird dann in Stücke geschnitten und in einer sauren Milchrahmsuppe mit Kapern eine Weile gekocht.

Von allerhand sachen.

Wie man die westphälische hammen oder schincken machen soll.

Erstlich laß die 2 hammen von dem schweine fein gantz und rund heraus nehmen, daß der speck wohl körnig ist, darnach nimm pfeffer, stoß ihn fein gröblicht, nimm wohlgemuth, giesse guten eßig darauf, laß weichen, hernach nimm rind-fleisch in ein seichten schaff, und lege 2 lagen, und sträue wohlgemuth darauf, und pfeffers auch, saltz die hammen gar wohl, und wan du die hammen auf das fleisch gelegt hast, so lege wieder rind-fleisch darauf, beschwers gar wohl, laß an einem kühlen ort 4 tage, hencks hernach auf eine stange im rauch-fang, laß also 3 oder 4 wochen selchen, nimms hernach und hencks an einen lüfftigen ort, wann mans recht selchet, so bleiben sie etliche jahr; wann du es wilst sieden, so wickels in einen setzen oder leinwand ein, sieds in halb wasser und wein.

Westfälischer Schinken

2 kg Schweinefleisch von der Keule
2 kg Rindfleisch
150 g Pfeffer
2 l Essig
2 l Wein
350 g Salz

Das Schweinefleisch mit gemahlenem Pfeffer gut einreiben und 24 Stunden in Essig legen. Das Rindfleisch und Schweinefleisch einsalzen, lagenweise in einen Steinguttopf legen und mit einem Stein beschweren. Das Ganze 4 Tage an einem kühlen Ort stehen lassen. Danach die Fleischstücke 3–4 Wochen in den Rauch hängen. Nach dem Räuchern das Fleisch an der Luft trocknen, anschließend in Leinen wickeln und in halb Wein und halb Wasser sieden.

Von allerhand sachen.

Eine kunst/ allerhand vögel einzuweichen/ daß sie sich lange behalten lassen.

Erstlich muß man die vögel sauber rupffen und reinigen, die köpffe und kröpffe abschneiden, und das eingeweide heraus nehmen, hernach setze sauber wasser in einem kessel oder hafen zum feuer, wenn das wasser siedet, so wirff die vögel hinein, und laß sie einen sud thun, darnach nimm sie heraus auf ein bret, damit das wasser absincket, darnach nimm ein hölzernes fäßlein, darnach du viel vögel hast, und legs voll an, salz es, daß sie recht im salze seyn, leg ein wenig zerstossene wacholder-beeren darzwischen, gieß ein mittelmäßigen essig daran, daß über die vögel gehet, und vermach es, wann du essen wilst, mach das fäßlein auf, und brate darvon, ist probirt.

Koch-Buch.

Von allerhand condirten und eingemachten Sachen.

Wie man früchte in most einmacht.

Nimm drey theil süssen wein-most, thue ihn in einen meßingenen kessel oder pfanne, setze sie auf kohlen: machst du aber ein flammen-feuer so schaue wohl zu, daß es nicht anbrennt, laß den most sieden, biß zwey theil einsieden, und der dritte theil wie ein syrup überbleibt, mache es, wie oben mit dem honig gemeldt worden.

In Most eingemachte Früchte

6 l Weinmost
1/2 kg Äpfel
1/2 kg Birnen
1/2 kg Pfirsiche
1/4 kg Aprikosen
1/4 kg Zwetschgen
1/4 kg Kirschen mit Stein

Süßer Weinmost wird bis zu einem Drittel eingekocht, so daß es ein Sirup wird. Feste Früchte, wie Äpfel und Birnen, werden etwas gekocht, weiche Früchte werden ungekocht, aber gewaschen in den Sirup eingelegt.

Honig zu läutern / und früchte damit einzumachen.

Nimm ein gut theil honig, setze ihn aufs feuer, in einem meßingenen kessel oder pfanne, die man zum einmachen braucht, faime oder schäume es alleweil fleißig ab, rühre es um, damit es nicht anbrennt, willst du wissen wenn der honig genug gesotten, so nimm ein gantzes hüner-ey, thue es in den honig, fällt es zu boden, so ist es nicht genug gesotten, schwimmet es aber, so ist der honig gerecht vor die früchte. Nimm die früchte, welche du willst einmachen, schäle sie, etliche muß man zuvor sieden, als äpffel und birn, und was dergleichen ist, die andern als weixel, kirschen und der art, darf man zuvor nicht sieden, welche man zuvor sieden läst, muß man wohl abtrucknen lassen auf einem sieb, und darnach in dem honig sieden lassen, und ohne unterlaß abgefaimt. Willst du wissen wenn es genug gesotten, so nimm einen zinnernen teller, laß etliche tropffen darauf fallen, halte den teller auf die seite, ist es, daß die tropffen fest stehen bleiben und nicht abrinnen, so ist's genug gesotten, wo nicht, so laß es länger sieden, auf diese weise kanst du allerley früchte in honig einmachen.

In Honig eingemachte Früchte

1 kg Honig in einem Topf unter ständigem Rühren zum Kochen bringen, auf kleiner Flamme kochen lassen, immer wieder abschäumen.

Geläutert ist der Honig, wenn ein rohes Ei, das man in den kochenden Honig gibt, oben schwimmt.

Zum Einmachen können alle Früchte verwendet werden. Jedoch müssen größere, wie Äpfel und Birnen, geschält und etwas vorgekocht werden; dann gut abtropfen lassen, bevor sie in den Honig kommen. Kleine Früchte können roh in den Honig gelegt werden.

Den Honig mit den Früchten kochen lassen und weiterhin abschäumen. Wenn der Honig nicht mehr vom Teller rinnt, dann ist er genug gekocht und die Früchte sind fertig.

Allerley kräuter und blumen-werck mit zucker zu überziehen.

Man soll tragand in rosen-wasser weichen, und durch ein tüchlein zwingen, und einen löffel voll zucker darein rühren, daß es wird wie ein kleines kinder-muß, die kräuter und blumen soll man damit mit einem pinsel überstreichen, und darnach in klein gestossenen und gesähten zucker wohl umkehren, daß sie über und über mit zucker überzogen seyn, darnach auf ein pappier legen, und in einer torten-pfanne, oder bey einem ofen kühl abtrucknen. Die ribes-beerlein oder weixeln kan man gleich also überziehen; allein die ribes-beer müssen gar trucken, und die weixeln ein wenig überdörrt seyn, und man muß nur in dem zimmer trucknen, nicht in der torten-pfanne.

Kandierte Kräuter und Blumen

Tragand in Rosenwasser weichen, durch ein Tuch passieren, Zucker hinzufügen und zu einem Brei rühren. Die Kräuter und Blumen mit dem Brei bepinseln und anschließend in Streuzucker wälzen, auf Papier legen und trocken werden lassen. So kann man auch Johannisbeeren, Erdbeeren, Kirschen und Weintrauben zubereiten. Die Früchte müssen ganz trocken sein, bevor man sie bearbeitet.

Muscatzin leb=zelten.

Nimm ein pfund ungeschälte mandeln, wische den staub darvon, alsdann stößt man sie gröblich, aber fein gleich, und gantz ohne zugiessen, wann sie gestossen seynd, nimmt man ein pfund gestossenen zucker, 8 loth mund=mehl, gestossenen zimmet, daß sie braun darvon werden, muscaten=nüsse geschnitten, so viel man will, misch alles wohl unter einander, und schlage 6 gantze eyer darein, und mach den teig darmit an: man darff nicht alles auf einmahl daran giessen, dann es bald vergossen, der teig muß fest angemacht, darnach auff oblat gelegt, und nach dem brodt, oder pasteten gebacken werden.

Muskatlebkuchen

500 g nicht abgezogene Mandeln werden grob gehackt, mit 500 g Zucker, 140 g Mehl, gemahlenen Zimt und Muskatnuß je nach Geschmack gemischt. Nach und nach 6 Eier daruntermischen, bis ein fester Teig entsteht.
Auf Oblaten geben und im Ofen backen.

Gedult=zelte oder küchlein.

Nimm vier loth schönes semmel=mehl und fünff loth geläuterten zucker, schlage drey gantze eyer wohl ab, und mache einen teig, rührs zwey stunden, schmier das blätlein mit wachs, und tropffe darauff in der grösse wie weisse zucker=zeltel, backs kühl ab, von diesem teig kan man stritzel machen, schneide oblat und giesse den teig darauff, nicht zu viel auf einmahl, damit er nicht abrinne, auf der seiden schneide geschälte mandeln länglicht, und belegs überwärts oder schrens, oder die quere, backs in einer torten=pfanne, wann sie schier gebacken seyn, nimms heraus, und bestreichs mit tragant=eyß, backs wieder, so seynd sie fertig.

Leb-zeltlein von grünen pomerantzen zu machen.

Reibe das gelbe von pomerantzen auf einem reib-eisen herab, das grüne binde darnach in ein tüchlein, und stosse es in siedendes wasser, laß ein sud herüber thun, thue es hernach geschwinde in ein kaltes wasser, und das thue so lang, biß die bitterkeit heraus kommt, und truckne hernach die pomerantzen, daß sie gantz trucken werden, stosse sie in einem steinern mörsel, giesse darzu lemonien-safft, und alleweil gestossenen zucker, nach und nach ein löffel voll, biß es wird wie ein teig, darnach mache lebzelten daraus, und truckne sie auf einem bretlein.

Lebkuchen von grünen Pomeranzen

    20 Orangen oder Pomeranzen
    2 Zitronen, entsaftet
    100 g Zucker

Pomeranzen- oder Orangenschalen abreiben. Das Abgeriebene in ein Tuch binden und in kochendes Wasser tauchen, damit der Bittergeschmack genommen wird. Den Inhalt trocknen, mit Zucker und Zitronensaft anmachen und auf einer Holzplatte auswalgen, schneiden und wiederum trocknen lassen.

Nürnberger leb-zelten oder pfeffer-nüssel.

Nimm ein halb maaß oder wie-viel du machen wilst honig, setz es zu dem feuer, daß es siede so lang biß es ziemlich braun werde, rührs immerdar im sieden, nimm semmel-mehl, schütte den honig darein. denn nimm zerstossenen pfeffer, geschnittene muscat-nuß und ingber darunter. mache einen teig, aber nicht zu fest. walge ihn aus, drücke ihn in die model oder formen, aber nicht zu dick, dann sie werden im backen dicker, sträue auf ein bret mehl und leg die leb-zelten darauf, backs in einem ofen, aber ehe du es hinein legst, must du es mit wasser überwischen, daß sie nicht mehlig seyn, und wann sie schier gebacken, so nimm sie heraus, legs wieder auff ein ander bret, und überstreiche sie mit einem wohl heissen wasser, thue es wieder in den ofen so lang, daß sie nur übertrucknen, man kan in dem ofen am ersten einen probiren, wird er blätterig, so ist der ofen zu heiß.

Nürnberger Lebkuchen

300 g Honig
120 g Semmelbröseln
2 g Pfeffer
1 Prise Muskatnuß
1 Prise Ingwer

Honig unter ständigem Rühren sieden, bis dieser braun wird. Mit Semmelmehl, gestoßenem Pfeffer, Muskatnuß, Ingwer und dem Honig einen nicht zu festen Teig machen, ausrollen, in Modeln drücken (nicht zu dick, da der Teig beim Backen aufgeht) oder ausstechen.
Auf ein mehliertes Blech legen und mit Wasser überpinseln, bis kein Mehl mehr darauf ist. Ausbacken, bis die Lebkuchen fast fertig sind, auf ein frisches Blech legen, mit heißem Wasser überpinseln und im Ofen übertrocknen. Wenn sie bei der Probe blättrig werden, ist der Ofen zu heiß.

Magen-stritzel oder stollen.

Nimm 1 pfund zucker, 4 loth eingemachte citronen, 3 loth eingemachten ingber, 5 loth mandeln, 1 loth zimmet, 1 quintlein muscaten-blüthe, ein quintlein nägelein, die stücke müssen alle gleich und gleich geschnitten seyn, wann dieses geschehen, muß man den zucker zu kleinen stücklein zerschlagen, und 1 seidel wasser darauf giessen, und auf dem feuer sieden lassen, biß er fliest, alsdann vom feuer gehoben, zum ersten das eingemachte, darnach das gewürtz, zuletzt die mandeln darunter gerührt, und wann er anfängt dick zu werden, so muß man ihn in die pappierne häuslein oder marmel-stein giessen, wann sie kalt und trucken seynd, gehen sie gern herab.

Magenstritzel

70 g Zitronat, 50 g eingelegten Ingwer, 85 g abgezogene Mandeln in gleichmäßig kleine Würfel schneiden oder hacken. Ein Pfund Zucker mit ⅓ l Wasser kochen lassen, bis der Zucker aufgelöst ist und dickflüssig wird. Den Zucker dann vom Feuer nehmen, zuerst die gehackten Früchte und dann 15 g gemahlenen Zimt, 1 Prise Muskatblüte und 1 Prise gemahlene Nelken daruntermischen. Wenn die Masse anfängt fest zu werden, in eine mit Pergamentpapier ausgelegte Form gießen und sie dann kalt und trocken werden lassen.

Wie man die rothen quitten-spalten einmachen soll.

Nimm schöne grosse quitten, wische sie sauber ab, legs in ein wallend wasser, laß nur so lang sieden, daß sie ein wenig weich zu greiffen seyn, nur nicht zu viel, nimms heraus, schäle sie schön, schneide aus einer quitten 2 spalten, schneide den kern und das steinige darvon, nim ein pfund zucker, und läuter ihn mit anderthalb seidel wasser, nimm ein halbes seidel oder mehr solchen quitten-safft darein, wie oben geschrieben, den man zu dem rothen quitten-safft braucht, laß sieden, wäge ein halb pfund quitten-schalen, und leg sie in den zucker, laß wohl verdeckt gar gemach auf einer glut sieden, drey stunden, so werdens schön weich und roth, nimms heraus auf einen teller, laß kühl werden, bestecks mit zimmet und nägelein, oder nur mit citronen, legs in ein glas oder tiegel, den safft laß noch ein wenig sieden, biß er gestehet, gieß ihn über die spalten, so seynd sie recht.

Eingemachte rote Quittenspalten

Vier Quitten abwaschen und in kochendes Wasser geben. Die Früchte aber nur halb garkochen. Die Früchte werden dann geschält, halbiert und entkernt. Einen Teil der Schalen hacken, mit Läuterzucker und Quittensaft aufsetzen und 3 Stunden lang mit den Quittenhälften langsam kochen. Anschließend nimmt man diese heraus, läßt sie abkühlen und gibt sie mit ein paar Nelken und etwas Zimt oder nur Zitrone in ein Glas und gießt den noch etwas eingekochten Quittensaft darüber.

Gantze hötzepetschen oder hahnebutten einzumachen.

Die gantze hötzepetschen oder hahnebutten läst man an dem sträußlein, macht einen schnitt nach der länge in die beeren, und thut die kerne und das rauche sauber heraus, und läst also an dem sträußlein hencken, richts in ein glas, und gießt den geläuterten zucker darüber, in drey bis vier tagen gießt man den zucker wieder ab, und legt ein brocken darzu, läst ihn sieden, und alsdan kalt wieder auf die hötzepetschen oder hahnebutten gegossen, dis kan drey bis viermal also geschehen, so seynd sie fertig.

NB. Die gantzen weinschärlinge an den sträussern macht man auch also.

Eingemachte Hagebutten

An Zweigen hängende Hagebutten schneidet man der Länge nach ein und entfernt das Innere der Beeren. Man stellt die Zweige in ein Glas und übergießt sie mit geläutertem Zucker. Nach drei bis vier Tagen wird der Zucker wieder abgegossen. Dieser wird unter Zugabe von weiterem Zucker erneut gekocht und nach Erkalten drei- bis viermal über die Zweige gegeben.

Wie man die geschabte citronen macht.

Nimm die citronen, reibe sie an ein reib-eisen biß an das sauere, hernach wäge sie, und binde sie in ein sauber tuch und übersiede sie in einem saubern wasser, daß das bittere davon kommt, auf ein pfund citronen muß man nehmen drey pfund zucker, den muß man läutern, auf ein pfund zucker, ein seidel wasser giessen, du must ihn sieden lassen bis er sich spint, hernach laß ihn ein wenig kühle werden, thue die citronen darein, und zerrühre ihn, daß er nicht knoppert wird oder bleibt, hernach must du ihn wieder sieden, bis er sich vom becken schält, hernach kanst du einen lemonien-safft hinein drücken, daß er ein wenig fürschlägt, und in ein latwerg-gläslein einfüllen, wilst du sie aber in torten oder kräpffel machen, so nimm auf das pfund citronen fünff viertel-pfund zucker, und in gläßer gethan.

Von allerhand condirten und eingemachten Sachen.

Hagebutten, Holzschnitt um 1650

Das schöne durchsichtige quitten-werck zu machen.

Du must die allerschönsten quitten, so nicht roth und mehlich seynd, gar weich sieden, und wohl dicke schälen, damit nichts rothes darbey bleibt, und nur das beste herab schneiden, und geschwind durch ein enges sieb schlagen, nur was gern durch geht; und weil man die quitten durchschlägt, soll man wieder etwa zucker sieden, damit sie nicht lange stehen dörffen, man soll auf ein halb pfund quitten, ein pfund des allerschönsten zuckers nehmen, denselben gar klein zerschlagen, und darein 1 seidel schönes wasser giessen, und so lang sieden lassen, daß, wenn man einen tropffen in ein kaltes wasser fallen läst, der von stund an stehet, und zwischen den fingern als ein wachs sich drücken läst, darnach soll man die quitten darein rühren, biß fein glatt wird; man muß nicht gar lang rühren, es wird sonst nicht durchsichtig. Darnach soll mans in die darzu gehörige model oder formen schlagen, dieselben zuvor ins heisse wasser legen, und hernach in einer stube, doch nicht gar in einer warmen stube lassen trucken werden. weñ mans in einer gar warmen stube trucknet, bekommen sie gar eine grobe haut, es muß auch nicht zu kalt seyn, man kans auch mit allerley farb-tücher gefärbt machen, wenn man dieselbe in das wasser weicht, das man an den zucker giest, und mit blauen korn-blumen-safft kan mans schöne blau färben, daß es schön an gestalt gesotten, und mit quitten darein gerichtet seyn, wenn man nur ein klein löffel voll dieses saffts darein giest, man muß nimmer sieden lassen. Man kans auch mit den bälgen von schwartzen wein-beeren weixel oder kirsch-braun färben, wenn man die gar wohl ausgebresten bälge in dem wasser siedet, daß man an zucker giest, biß es die farbe annimmt.

Durchsichtiges Quittenmus

1 kg schöne, nicht mehlige Quitten weich kochen und anschließend schälen. Das Fruchtfleisch abschneiden und schnell durch ein feines Sieb passieren. Auf 500 g Fruchtfleisch 1 kg Zucker mit 0,6 l Wasser kochen, bis dieses dickflüssig wird. Anschließend das Fruchtmark beifügen, jedoch nur kurz unterrühren, damit es klar bleibt. Das Quittengelbe in Modeln, Formen oder Gläser füllen und erkalten lassen. Man kann das Gelbe mit verschiedenen Farben von Früchten und Blüten etwas färben.

Die geblätterten citronen zu machen.

Erstlich schneide die citronen spalten-weise, daß das saure heraus kommt, und die spältlein thue in ein geschirr, saltze sie, gieß wasser daran, laß über nacht daran stehen, hernach seyhe das wasser herab, lege sie in ein anders, und alle tage zweymal frisches wasser, laß sie drey tage also stehen, alsdenn wäge sie, und nimm auf ein pfund ein viertel-pfund zucker, darauf schütt ein halbes seidel wasser, und läutere ihn, die citronen aber laß in ein wasser sieden, doch nicht zu viel, thue sie geschwinde in ein frisches wasser, und so etlichmal abgefrischt, alsdann abgetrucknet und in zucker geschüttet, ziemlich lange, biß er schön durchsichtig wird.

Zitronenschnitten

8 große Zitronen filieren (das Fruchtfleisch auslösen), und in eine Schüssel geben. Die Filets leicht salzen, etwas Wasser beigeben und über Nacht stehen lassen. Am Tag darauf das Wasser abschütten und weitere 2 Tage, zweimal täglich, mit frischem Wasser wässern. Dann die Filets kurz in kochendem Wasser abbrühen, mit kaltem Wasser abkühlen und auf einem Tuch trocknen. Diese Zitronenfilets dann im Läuterzucker einlegen.

Die zwetschken auf die confect-schalen zu machen.

Erstlich nimm schöne grosse und wohlzeitige zwetschken oder pflaumen, hübsch in einem weiten kessel oder tiegel, oder dergleichen geschirr hinein, die stengel in die höhe. hernach läutert man den zucker nach gedunken. daß die zwetschken bedeckt werden, wann er also hübsch dick gesotten ist, so schütt man ihn siedend heis darüber, und läst daran stehen, solcher zucker muß 2 oder 3 mahl also gesotten werden, biß daß man sieht, daß die zwetschken schön gros angelauffen seyn. hernach trucknet man dieselben an der sonnen, oder in einem gantz kühlen ofen, besträuet es mit gar ein wenig zucker, und legt es in die schalen zum gebrauch.

Kandierte Zwetschgen

Man legt 1 kg schöne große Zwetschgen oder Pflaumen mit Stengel nebeneinander in einen weiten Topf oder eine feuerfeste Schüssel. Die Stengel sollen nach oben zeigen. Nun läutert man reichlich Zucker und läßt ihn so lange kochen, bis er dick wird. Den siedendheißen Zucker über die Zwetschgen gießen und nochmals kochen lassen, bis die Früchte schön angelaufen sind.
Danach läßt man sie in der Sonne oder im Ofen bei ganz geringer Temperatur trocknen. Vor dem Servieren bestäubt man die Zwetschgen mit ein wenig Puderzucker.

Wälsche nüsse einzumachen.

Nimm am St. Johannes-tage die nüsse, ehe sie holtzig werden, durchstich sie mit einer nadel wohl durch und durch vielmahl, lasse 14 tage in einem wasser liegen, alle morgen frisches wasser darauf gegossen, das alte wasser weggethan, wann sie weich genug worden, magst du sie über nacht trucknen, und einen geläuterten zucker darüber giessen, kalt wie über die citronen, und offt wieder gesotten, daß der zucker in einer rechten dicke bleibt; beschwere sie wohl, man mags auch in honig also einmachen, und mit gutem gewürtz bestecken, alles zusamen in ein meßingenes becken, und laß es ob den kohlen sieden, biß es gestockt, und auf dem papier nimmer durchschlägt, so thus in schachteln und gläser.

Eingemachte Welschnüsse

Die am St. Johannistag geernteten Nüsse (mindestens 24 Stück) mehrmals durchstechen und ca. 14 Tage in täglich frischem Wasser weichen. Nach Ablauf der 14 Tage die Nüsse über Nacht trocknen und mit Läuterzucker oder Honig übergießen und mehrmals aufwallen lassen.

Hobelscheide oder späne zu machen.

Nimm ein halbes pfund mandeln, ein viertel-pfund davon stoß gröblicht, und das ander viertel-pfund schneid davon klein, gieß etliche tropffen wasser daran, und gestossenen zucker, so viel, daß süß wird, schneide gantz viereckichte platten von oblat, schmiers darauf so dick, als ein messer-rücken, du must lemonien-schalen auch darunter mischen, laß backen daß es ein wenig braun wird, überstreichs mit zucker-eyß, laß es wieder backen, daß das eyß wohl abgezogen ist.

Hobelscheite

125 g gemahlene Mandeln und 125 g gehackte Mandeln mit 100 g Zucker, etwas Wasser und abgeriebener Zitronenschale mischen und auf eckig geschnittene Oblaten 3 mm dick streichen. Diese dann im Ofen backen, bis sie goldbraun sind. Geschlagenes Eiweiß mit Puderzucker vermengen und die Plätzchen damit überziehen. Anschließend nochmals kurz in den Backofen schieben!

Den durchsichtigen rosen-zucker zu machen.

Nimm ein halb-pfund rosen, die abgeschnitten seyn, auch die schön roth seynd, und ein pfund zucker, thus in einen mörsel, so offt eine lage zucker, so offt eine lage rosen, und stoß gar klein, darnach thus in ein meßinges becken, und gieß ein wenig rosen-wasser daran, drücke lemonien-safft darein, so wird er fein roth, rühr ihn also über einem glülein, aber nicht lang, so ist er fertig.

Durchsichtiger Rosenzucker

250 g rote Rosenblüten und 500 g Zucker in einem Mixer sehr fein hacken. Anschließend den Zucker, etwas Rosenwasser, Saft von 1–2 Zitronen in einen Topf geben und auf dem Feuer bei ständigem Umrühren leicht kochen lassen.

Die böhmischen busserlein zu machen.

Nimm ein pfund des schönsten zuckers, fahe ihn durch ein enges sieb, nimm von 2 eyern das klare, klopffs wohl ab, drücke von einer l:monien den safft darunter, wann sie aber gar säfftig so nim sie nicht gar, schneide die schalen gar klein darunter, mache also einen festen teig an, der sich würcken läst, doch nicht gar zu feste, mach kugeln daraus, wie die schüß=kugeln, backe sie in einer torten-pfanne fein kühle, daß oben und unten gleiche glut seye.

Böhmische Busserl

Unter 500 g feinen Zucker 2 geschlagene Eiweiß, Saft und abgeriebene Schale von einer Zitrone mischen. Es muß eine feste Masse werden, die sich aber noch durchkneten läßt. Dann formt man Kugeln daraus und backt sie bei schwacher Hitze.

Wie man die weixel oder kirschen zu den gebratenen einmacht.

Nimm schöne zeitige weixel oder kirschen, die nicht mehlig seynd, wische sie sauber ab, thue die stengel davon, legs in ein glaß, so offt eine lage zucker, so eine lage weixel oder kirschen, biß es voll ist, man muß es aber wohl zuckern: hernach gieß einen guten wein-eßig darein, daß der eßig über die weixel gehet, binds zu, stich mit einer spenadel löcher darein ins pappier, laß den gantzen sommer an der sonnen stehen, sie bleiben gantz vollkommen, und seynd gar gut zu den gebratenen, auch in hitzigen kranckheiten gut zu den labungen.

Eingelegte Kirschen

Von 1 kg reifen, ausgesucht schönen Kirschen den Stiel entfernen. Die Kirschen säubern und schichtweise mit Zucker in ein Glas einlegen und mit einem guten Weinessig übergießen. Mit Papier abdecken (luftdurchlässiges Papier) und den ganzen Sommer über in der Sonne stehen lassen.

Musquetierer-brodt.

Nimm ein halb pfund honig, selbiges schön geläutert, nägelein, zimmet, ingber, pfeffer, coriander iedes ein loth, zwey muscaten-nüsse, und von zwey lemonien die schalen, diese stücke alle gröblicht geschnitten, und in das warme honig gethan, und ein wenig mit dem gewürtze sieden lassen, darnach nimm back-mehl, thue es unter das honig und gewürtze, mache einen festen teig an, knäte ihn wohl ab, lege ihn in eine torten-pfanne, laß ihn drey oder vier stunden backen, oben mit mehrer glut als unten.

Musketier-Brot

500 g Bienenhonig
800 g Mehl
10 g Backpulver
3 Eier
1 Prise gemahlene Nelken
1 Prise gemahlener Zimt
1 Prise gemahlener Pfeffer
1 Prise Koriander und Muskatnuß
5 g geriebene Zitronenschale

Den Bienenhonig mit den Nelken, Zimt, Ingwer, Pfeffer, Koriander, Muskatnuß und Zitronenschale zusammen kurze Zeit kochen lassen. Danach das Mehl hinzufügen, so daß es ein fester Teig wird, der gut geknetet werden muß. Dieser wird dann in eine runde Kuchenform gegeben und 3–4 Stunden im Ofen bei mittlerer Hitze, aber mehr Oberhitze, gebacken.

Auffgelauffene tschokolada.

Erstlich nimm ein halb oder gantzes pfund tschokolada, reibe sie schön klar zu mehl, wie auch den zucker, thue sie in einen glasirten weiten topf, schlage eyer-klar daran, so viel, daß es ein teig wird, der sich walgen läst, thue ihn auf ein bret, streue unter sich gesäheten zucker, daß sich nichts anlegt, mach daraus lebzeltlein, busserlein oder küglein, nach deinem gefallen, kanst auch in allerhand model drücken, wilst du, so kanst du sie auf oblat legen, und in der torten-pfanne kühle backen, oben wenig, unter sich aber mehr glut, wann du aber nicht wilst, so bestreich das blech in der torten-pfanne mit wachs, lege darnach die sachen darauf, und backs kühl, wie oben, hernach laß kalt werden, so ledigen sich die gemachte sachen sehr ab.

Aufgelaufene Schokolade

200 g Kuvertüre (Blockschokolade)
80 g Zucker gerieben
4 Eiweiß nicht geschlagen

Die Kuvertüre, Zucker und das Eiweiß in einer Schüssel gut mischen. Diese Masse mit Zucker ausrollen, ausstechen wie Plätzchen oder in Modelformen und auf einem gefetteten Blech bei geringer Hitze backen.

Gemeine marzepan.

Nimm die mandeln, nemlich ein pfund, die süß seyn, schäle sie, wirff sie in klar wasser, nimm sie aus dem wasser, lege sie in ein schön weisses tuch, damit sie trucken werden, stosse sie in einem mörsel, thue ein wenig rosen-wasser darunter, damit die mandeln nicht öhlicht werden, du must die mandeln stossen, biß sie gantz klein werden wie ein mehl, daß er auch ziemlich fest wird, wenn die mandeln gestossen, so thue weissen zucker ein halb pfund oder drey viertel-pfund darein, stosse es wohl mit den mandeln untereinander, thue das weisse von einem ey darzu, wenn es wohl gesotten, so nimm es aus dem mörsel in eine zinnerne schüssel, thue es in einen saubern tisch, besträue es mit zucker, und arbeite es mit den händen. Theile den teig in so viel stücke als du wilst, thus in den mörsel, oder mach sonst figuren daraus, was du wilst, wilst du torten davon machen, so lasse es eines thalers dicke. Thue ihn in den ofen, laß ihn trucknen, aber der ofen muß gar gelind geheizt seyn, er ist warm genug, wenn du die pasteten ausgezogen hast. Wenn der marzepan gebacken, so ziehe ihn heraus, mache das eyß darunter, wie vorhin gemeldt, setze es wieder in ofen, und laß es auflauffen.

Gemeiner Marzipan

Ein Pfund süße Mandeln schälen, waschen und in einem Tuch trocknen. In einer Mandelmühle ganz fein mahlen. Etwas Rosenwasser, ein Eiweiß und ½ bis ¾ Pfund Puderzucker dazugeben. Das Ganze mit den Händen gut durcharbeiten, den Teig in Stücke teilen und beliebige Figuren formen. Möchte man Tortenböden daraus machen, wird der Teig ausgerollt und im Ofen bei ganz geringer Temperatur gebacken.

Von allerhand condirten und eingemachten Sachen.

Wie man die bauren-krapffen macht.

Nimm zwey gantze eyer, und 3 dotter in einen topff, und klopffs wohl ab, nimm ein halb pfund zucker auch in den topff, und klopffs eine gute be stunde, nimm grob gehackte mandeln vier loth, und lang geschnittene citronen-schalen, auch muscaten-blüthe und mehl so viel, daß ein dünner teig wird, darnach nichts mehr gerührt, und auf oblat gelegt, und mit mandeln bestecht und gebacken, oben auf mehr glut als unten.

Bauern-Krapfen

2 Eier, 3 Eigelb mit 250 g Zucker so lange rühren, bis die Masse steif ist. Darunter 70 g gehackte Mandeln, die in lange dünne Streifen geschnittene Schale einer Zitrone, 1 Prise Muskatblüte und 150 g Mehl mischen. Diese Masse auf kleine runde Oblaten spritzen und mit je einer halben Mandel bedecken. Die Bauern-Krapfen bei mittlerer Hitze backen.

Von allerhand condirten und eingemachten Sachen.

Folget kürtzlich beschrieben die ordnung/ wie man sich im essen und trincken verhalten soll.

Man folget zwar dieser ordnung gar wenig, sondern ein jegliches land giebt seine speisen, wie es alldorten gebräuchlich, man hat es aber nur darum anhero gesetzt, zu zeigen, wie es dem menschen am nützlichsten und gesündesten wäre. Dahero soll man die speisen, so dünne und leicht zu verdauen, am ersten geben, als suppen, kohl, spenat, weiche eyer und dergleichen, und dieses darum, weilen selbige (wann man die groben speisen vorhero geniesset,) nicht können unter sich kommen, dadurch der magen verderbt wird, und keinen ausgang hat, daß also eines mit dem andern verderben muß, deßgleichen sollen allezeit die warmen speisen denen kalten vorgezogen werden. Man soll auch die hüner, kalb-fleisch, und fische vor dem rind-fleisch und wildbret auftragen.

Hippocrates und Galenus melden, daß man des tages zweymahl essen solle, was aber kinder und wachsende personen, können wohl öffters essen, wie auch die alten, diese aber jedesmahl wenig, man hält aber davor am gesündesten zu seyn, daß man des mittags nach genügen, zu abends aber sehr wenig esse, so soll man auch von einer mahlzeit biß zu der andern sich der speisen enthalten, damit sich selbige jedesmahl recht verkochen können, bey der mahlzeit soll man offt und wenig trincken, zwischen der mahlzeit aber gar nichts, dann sonsten die dauung des magens dadurch verhindert wird. Auf suppen, starcke bewegung, auf zorn, und auf das bad soll man nicht gleich trincken.

Nach der mahlzeit gebrauche dich des obsts und confects, doch nicht überflüßig, der käß, obwohlen er harter concoction, so schliest er doch den magen, Galenus sagt: Daß der käß, so eines mittelmäßigen alters ist, am gesündesten seye; Die butter aber soll man jederzeit vor der mahlzeit essen, der rettig bekommt sehr wohl, wann er in der mahlzeit genossen wird, nach der mahlzeit verursachet er übelriechende dünste, und auffsteigen des magens. Nach vollbrachter tisch-zeit soll man fein sanfftig hin und wieder spatzieren, auch so es beliebt (aber nicht lang) ein wenig ruhen.

✱✱✱✱✱✱✱✱✱✱✱✱✱✱✱✱✱✱✱✱✱✱✱✱✱✱✱✱✱✱✱✱✱

Koch-Buch.

*Heute
nicht mehr
gebräuchliche
oder weniger bekannte
sprachliche Ausdrücke,*

Gewürze und Kräuter,
Gewichte und Maße,
die in diesem
Kochbuch
vorkommen.

Koch-Buch.

Weniger bekannte sprachliche Begriffe

Abklopfen · im Topf auf dem Feuer gut rühren
Baumöl · Olivenöl
Büschlein · Sträußchen
Erbis · Erbsen
Filieren · Fruchtfleisch (z. B. bei der Zitrone) auslösen
Gallert · Gelee
Haber · Hafer
Hafen · Topf
Hammen · Schinken
Hausen gehört zur Fischgattung der Störe und Knorpelfische. Sein Rogen wird zu Kaviar und die Blase zur Zubereitung von Glas und Klärmitteln verarbeitet.
Kapaun · kastrierter gemästeter Gokkel
Klumpen · 2–3 Eßlöffel
Koch · Mus oder Brei
Krebsfarbe · rot, rötlich
Läuterzucker · 500 g Zucker in 1 l Wasser einmal aufkochen lassen.
Lebzelten · Lebkuchen
Maurachen · Morcheln
Mörsel · Mörser
Morcheln · Pilze, die in sandigen Bergkieferwäldern, auf Waldwiesen und Bergweiden im April und Mai nach warmen Regentagen wachsen. Frisch wie getrocknet sehr wohlschmeckend. Zutat zu Soßen, Ragouts, Frikassé, Suppen und Gemüsen.
Mus · Brei
Nates · Haut der Milch
Ohli · Fischgericht
Pfefferkuchen · Honigkuchen und Lebkuchen

Pochieren · langsam sieden
Rosenwasser · Rosendestillat
Säbling, Saibling · Gehört zum Geschlecht der Lachse und ist in süddeutschen Gebirgsseen, Kärnten und Tirol zu finden.
Sieden · Erhitzen, nicht kochen lassen
Soufflé · Auflauf. Eine Mehlspeise. Je fester der Eischnee geschlagen, desto leichter die Speise.
Spridelnd oder *querderln* · quirlen oder rühren
Sulz · Sülze
Suppe · Der Begriff Suppe wurde für Suppen, Soßen und Cremes verwendet. Es gab keine Unterscheidung dieser Begriffe im heutigen Sinne.
Schmalz · kann sowohl Butter oder Schweineschmalz sein. Früher fast ausschließlich verwendete Fette.
Schmollen · das Weiche von einer Semmel
Straubeln, Straube · Kücherl, Schmalzgebäck
Stockfisch · getrockneter Kabeljau
Striezel · Stollen, aber auch Butter- oder Hefezopf
Tranchen · Scheiben (gekochte oder gebackene Fleischscheibe)
Tragant · Pulver. Vermischt mit Wasser wird es gummiartig. Wird zu Zugarbeiten verwendet.
walgen · kneten
Weidling, Weitling · Tiegel; Rührschüssel aus Metall, Prozellan oder Steingut
Welschnüsse · Walnüsse
Zelten · flacher Kuchen

Gewürze und Kräuter

Artischocken · Distelgewächs aus Südeuropa
Barbesbeeren · rote Johannisbeeren
Bertram · Estragon
Borragen · Borretsch
Borretsch · Geerntet werden frische Blätter als Gewürz für Salate und Gurken.
Bratengewürz · Eine Mischung von gemahlenen Gewürzen bestehend aus Pfeffer, Paprika, Piment, Glutamat und getrockneten Kräutern. Das Gewürz sollte in der Soße mitkochen.
Estragon · Dient als Gewürz für Salate, Gurken, Soßen und Rohkost, aber auch zur Herstellung von Estragonessig.
Granatapfel · Frucht des Granatbaumes, eines in Nordafrika und im nördlichen Mittelmeerraum heimischen dornigen Busches. Gehört zur Familie des Lythranceen. Der Granatapfel hatte bei Griechen und Römern eine symbolische Bedeutung und war der Juno pronuba, der Ehegöttin, gewidmet – wahrscheinlich der vielen Samenkerne wegen. Das Fleisch ist kühlend und durststillend. Die Frucht wird gekeltert, der Saft zu Getränken verarbeitet. Er wurde schon im Altertum verwendet.
Hagebutte · Frucht der Heckenrose. Gesammelt werden die Früchte, wenn sie völlig reif sind. Hoher Vitamin-C-Gehalt.
Hötzpetschen · Hagebutte
Hollunder · Strauch, der im Wald wie auch bei Bauernhäusern steht. Die Blüten finden Verwendung als Tee, Wein, Sekt oder werden als Hollunderkücherln im schwimmenden Fett gebacken. Früchte sind Vitamin-C-haltig und werden als Kompott mit Birnen und Zwetschgen gekocht.
Ingwer · getrockneter Wurzelstock der Ingwerpflanze. In Deutschland seit dem 9. Jahrhundert bekannt. Als Gewürz, gemahlen, für Obst, Gemüse, Suppen, Soßen, Fleisch und Backwerk.
Kapern · Blütenknospe einer am Mit-

Koch-Buch.

telmeer und in Nordafrika heimischen Pflanze. Die Knospe hat eine herb-bittere Würze.

Kerbel · Das Kraut wird kurz vor der Blüte geerntet. Es wird vorwiegend als frisches Gewürz für Salate und Suppen verwendet.

Knoblauch ist ein beliebtes Gewürz (Fleisch, Salate). Verwendet werden die Knoblauchzehen.

Kren · Meerrettich

Kümmel · Die reifen Früchte werden als Gewürz für Brot und Fleisch (Schweinebraten) verwendet.

Limone · Zitrone

Majoran · Verwendet wird das Kraut als Gewürz für Gemüse, Suppen, Würste und Fleisch.

Mandeln sind die Samen der Steinfrüchte des Mandelbaumes aus dem Mittelmeerraum und Persien. Süße Mandeln vor allem in der Form der Mandelmilch oder Marzipan waren in der mittelalterlichen Küche sehr beliebt.

Meerrettich · Die Meerrettichwurzel stammt von einer in Südosteuropa heimischen Pflanze. Die Wurzel wird gerieben und geraspelt, ist scharf riechend und schmeckend. Paßt als Beilage zu Rumsteak und Kurzgebratenem oder Geräuchertem.

Muskatblüte ist der getrocknete Samenmantel des Muskatnußbaumes (nicht die Blüte). Als Gewürz wird sie für Weihnachtsgebäck, Lebkuchen, Fleischbrühe, Wurst und Wurstwaren verwendet.

Nägeleinstaub · gemahlene Nelken

Nelken sind die kurz vor dem Aufblühen geernteten, getrockneten Blütenknospen des Gewürznelkenbaumes. Heimat: Südostasien, Afrika. Als Gewürz verwendet zum Aromatisieren von Lebkuchen, Obstspeisen, Getränken. Als Zutat zu Wild- und Schweinebraten, braunen Suppen und besonderen Wurstwaren.

Petersilie · Das Kraut wird frisch gehackt oder getrocknet als Suppengewürz verwendet, aber auch für Gemüse, Fleisch und Soßen. Die Wurzel wird auch als Gewürz verwendet. Sie kann für den Winter eingelagert werden.

Petersilienwurzel · Petersilie

Pfeffer · Dieses teuflisch scharfe Gewürz aus Südostasien wird aus den Beerenfrüchten einer tropischen Capsicumaart gewonnen. Zwanzigmal so scharf wie Paprika. Der Pfeffer wird frisch (grün) und getrocknet (gemahlen) zu Fleisch, Fisch, Eingemachtem u. a. verwendet.

Pinienkern · Korn der Steinkiefer oder Pinie

Pistazien · Früchte vom Pistazienstrauch

Pomeranze · Bitterorange

Rosmarin · Strauch mit schmalen Blättern (Nadeln). Findet als Gewürz Verwendung bei Fleisch-, Geflügel- und Wildgerichten und Soßen.

Safran · Die Gewürz- und Farbdroge Safran besteht aus den getrockneten Blütennarben der Safranpflanze aus der Krokusfamilie. Ursprungsland wahrscheinlich Kleinasien. Safran wird zum Würzen, aber besonders als Färbemittel verwendet. Der Preis ist teuer. Gewürzt wird mit Minimalmengen.

Salbei stammt aus Südeuropa. Verwendet werden die Blätter als Gewürz zu Fleisch- und Fischspeisen.

Sauerampfer kommt wildwachsend überall in Mitteleuropa vor. Das Kraut wird nur frisch verwendet. In der Küche verwendet man Sauerampfer feingeschnitten zu Salat, Kräutersoßen, Suppen und zu Quark.

Sultaninen · Gelbe kernlose Rosinen; werden zu den Zibeben gezählt.

Thymian · Aus dem Süden stammende Pflanze. Vortreffliches Fleischgewürz, auch für Soßen.

Wacholder sind die reifen Beerenzapfen des Wacholderstrauches. Die gemahlenen und getrockneten Beeren werden als Gewürz zu Wild und Fleisch verwendet. Den Strauch benützt man zum Räuchern von Schinken und Fleisch.

Zibeben · große Rosinen · Getrocknete, längliche Beeren einer großbeerigen Traube, die im Orient und Mittelmeerraum wächst.

Zichorien, Cichorie · Getrocknetes Pulver aus der Wurzel der Cichorium-Pflanze; stammt aus Ostindien. Findet Verwendung zur Herstellung von Kaffeeersatz.

Zimt ist die von der Außenrinde befreite, getrocknete Innenrinde des Zimtstrauches oder -baumes aus der Familie der Lorbeergewächse. Hauptanbaugebiet Südostasien. Das Gewürz wird verwendet zu Kompotten, Süßspeisen, Suppen, Gebäck und Getränken.

Zirbelnuß · Korn der Zirbelkiefer

Zitrone · Als Gewürz wird die dünn abgeschälte oder abgeriebene frische Zitrone verwendet. Den Saft verwendet man gerne zum Verfeinern von Kompotten, Fleisch, Fischen und Salaten. Lemon Pee ist getrocknete, gemahlene Zitronenschale. Nördlich der Alpen lernte man die Zitrone vermutlich erst durch die Kreuzfahrer kennen.

Gewichte und Maße

EL · Eßlöffel
Fl · Flasche
Klumpen · 2–3 EL
Lot · 17,5 g
Prise · Messerspitze
Seidel · 3,5 Deciliter (dl)
TL · Teelöffel

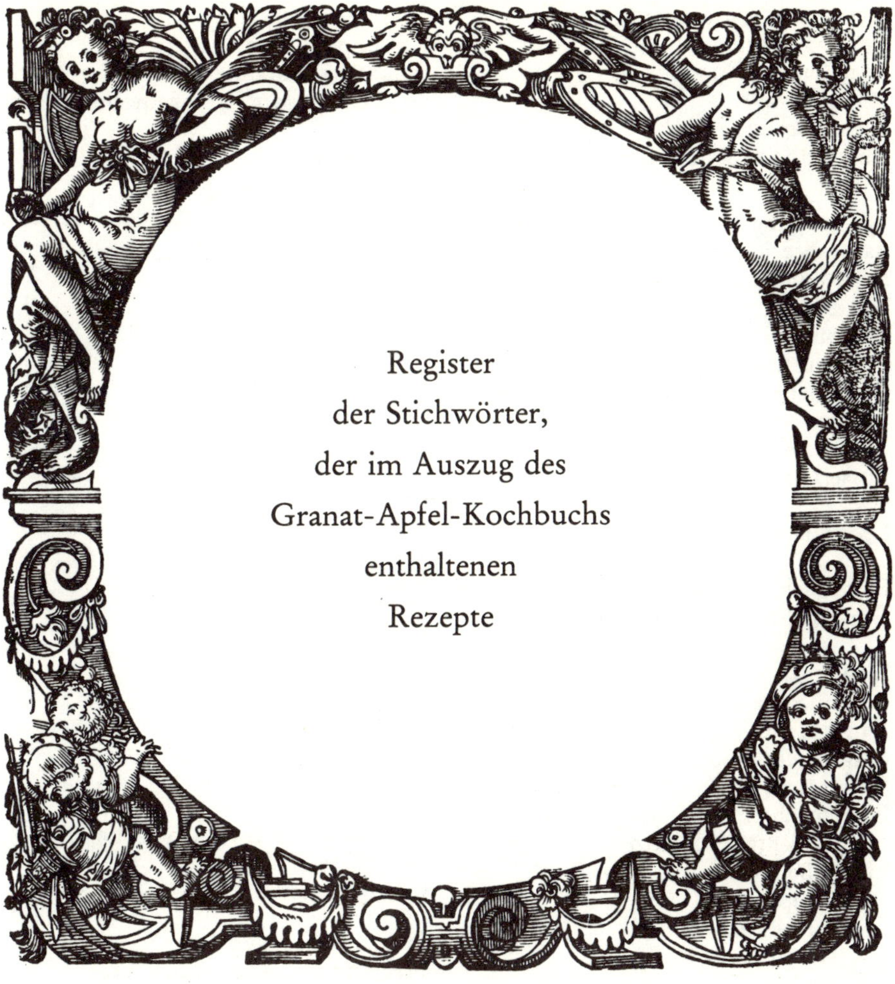

Register
der Stichwörter,
der im Auszug des
Granat-Apfel-Kochbuchs
enthaltenen
Rezepte

Altdeutsche Fastensuppe 35
Äpfel, gefüllte 62
Apfelkücherl 69
Apfelmus 43
–, spanisches 44
Aufgelaufene Schokolade 119

Bauern-Krapfen 121
Barbesbeermus 45
Biber, eingemachter 95
Biersuppe 17
Birnen, gefüllte 61
Blumen, kandierte 104
Böhmische Busserl 117
Brabantische Pastete 76
Braunes Feigenmus 47
Busserl, böhmische 117

Crostada, romanische 79

Durchsichtiger Rosenzucker 116
Durchsichtiges Quittenmus 112

Eingelegte Kirschen 117
Eingemachte Früchte (Honig) 103
Eingemachte Früchte (Most) 102
Eingemachte Hagebutten 110
Eingemachte rote Quittenspalten 109
Eingemachter Biber 95
Eingeweichte Vögel 101
Englische Pastete 75
Erbsensuppe 23
Erdbeermus 43

Fastensuppe, altdeutsche 35
Feigen, gebackene 68
Feigenmus, braunes 47
Fisch, gebratener 87
 -ohli 96
 -pflanzerl 81

-sülze 51
-suppe, passierte 25
Frikassierte Hähnchen 60
Früchte, in Honig eingemacht 102

Gamskeule, gebratene 66
Gebackene Feigen 68
Gebackene Regenwürmer 71
Gebackene Rosen 71
Gebackener Salbei 70
Gebratene Gamskeule 66
Gebratene Meerspinnen 90
Gebratener Fisch 87
Gedämpfte Leber 63
Gedämpfter Lammbraten 58
Gedünstete Karpfenzungen 84
Gedult-Zelte 105
Geflügelleber-Würste 53
Gefüllte Äpfel 62
Gefüllte Birnen 61
Gefüllte Kirschsemmel 54
Gefüllte Krebse 93
Gefüllter Hecht 82
Gefüllter Kapaun 65
Gefüllter Stockfisch 84
Gefülltes Kraut 64
Gehackte Schnecken 98
Gemeiner Marzipan 120
Gerstenschleim 36
Geselchter Rastraunschlegel 99
Gespickte Schnecken 98
Gezupfte Knödel 55

Haferflockensuppe 36
Hagebutten, eingemachte 110
Hähnchen, frikassierte 60
Hecht, auf andere Art 89
Hecht, gefüllter 82
– in Kapernsoße 83
–, marinierter 88
– in Polnischer Soße 81

Koch-Buch.

    -sülze 50
    -suppe 27
Hirschgeweihe, weich 63
Hobelspäne 116
Hollerkücherl 68
Huhn, gebraten mit Soße 20
– in grüner Brühe 28
– in weißer Brühe 25
Hühnerleber-Würste 53

Igel von Mandeln 49

Jägersuppe 17

Kandierte Kräuter 104
Kardinals-Pastete 73

Kapaun, gefüllter 65
    -suppe 30
    -würste 53
Käsesuppe 30
Karpfen in gelber Soße 88
Karpfenzungen, gedünstete 84
Kirschen, eingelegte 117
Kirschensemmel, gefüllte 54
Knödel, gezupfte 55
Königssuppe 23
Kornblumensülze, rote 51
Kraut, gefülltes 64
Kräuter, kandierte 104
    -suppe 29
    -torte 80
Krebsbutter 91
Krebse, gefüllte 93

Lachs in Polnischer Soße 87
Lammbraten, gedämpft 58
Leber, gedämpfte 63
Leberpastete 57
Lebkuchen, Nürnberger 107
   -soße 52
– von grünen Pomeranzen 106

Magenstritzel 108
Mandelmilch 15
Mandelmus 41
Mandelsuppe 15
Marinierter Hecht 88
Marzipan, gemeiner 120
Meerspinnen, gebratene 90
Musketier-Brot 118
Muskatlebkuchen 105
Muschelsuppe 94

Nürnberger Lebkuchen 107
Nußsülze 52

Passierte Fischsuppe 25
Pastete, Brabantische 76
–, Englische 75
–, Kardinals- 77
– mit Hechtkraut 82
–, Prinzeß- 77
Pfannkuchen 55
Pfeffernüsse 107
Pistazienbrei 40
Pistaziencreme 34
Polnische Soße 24
Prinzeß-Pastete 77

Quittenmus 42
–, durchsichtiges 112

Quittensoufflé 42
Quittenspalten, eingemachte rote 109
Quittenstraubeln 69

Rastraunschlegel, geselchter 99
Regenwürmer, gebackene 71
Rindfleisch mit grünen Kräutern 59
Romanische Crostada 79
Rosen, gebackene 71
Rosenmus 45
Rosenzucker, durchsichtiger 116
Rosinenmus 46
Rote Kornblumensülze 51
Rote Quittenspalten, eingemachte 109

Salbei, gebackener 70
Schinken, Westfälischer 100
Schmalzsuppe mit Morcheln 18
Schnecken, gehackte 98
Schnecken, gespickte 98
Schokolade, aufgelaufene 119
Schweinewildbret mit schwarzer Suppe 33
Spanische Milch 48

Spanisches Apfelmus 44
Soße, Polnische 24
Speckknödel 53
Spinat auf niederländische Art 61
Spinattorte 78
Stockfisch, gefüllter 84
Suppe mit kleinen Vögeln 31

Vögel, eingeweichte 101

Weichselsemmel, gefüllte 54
Weichselsuppe 34
Weinsuppe 19
Welschnüsse, eingemachte 115
Westfälischer Schinken 100

Zitrone 39
– geschabt 110
Zitronenmus 39
Zitronenschnitten 113
Zitronensoße 29
Zunge mit Soße 21
Zwetschgen, kandiert 114
Zwetschgenknödel, Brünner 56

Koch-Buch.

Die besten
und interessantesten
Rezepte wurden von
Herausgeber und Küchenmeister
vom Original-Granat-Apfel-Kochbuch
ausgewählt, überarbeitet und nachgekocht.

Allen kulturgeschichtlich Interessierten
möge das nachstehende Original-Register
einen vollständigen Überblick
des gesamten Rezeptteils des
alten Kochbuches
geben.

Koch-Buch.

Register.
Was in diesem koch-buch für allerhand speisen zu finden seynd.

Von allerhand suppen.
Mandel-suppe, fol. 469. schmaltz-suppe von maurachen oder spitz-morcheln, ibid. suppe mit kleinen vögelein, ibid. jäger-suppe, ibid. bier-suppe, fol. 470. wein-suppe, ibid. eine andere mit rahm, ibid. suppe über gebratene hüner, gesottene fische, über gebratenes. Item über gebratene capaun- und reb-hüner, ibid. mandel-geschärb über reh-schlegel oder keulen, fol. 471. suppe über capaun und reh-schlegel oder keulen, ibid. suppe über eine zunge, ibid. roßmarin-suppe, ibid. nägel-suppe, ibid. königs-suppe, ibid. suppe über hechte, eschling und fehren, fol. 472. mehr ein andere über hechte, rutten und scheiden, ibid. calecutische-suppe, ibid. schwartze brüh über einen karpffen, ibid. pohlnische suppe, ibid. hecht-suppen, fol. 473. krebs-suppen,

suppen, ibid. suppe von kalbs-lungen/ ibid. brühe über einen gebaitzten schöps-schlegel, ibid. citronen-brüh über reb-und hasel-hüner, ibid. citronen-suppe auf gebratenes, fol. 474. weiße lemonien brüh über hüner oder fleisch, ibid. erbs-suppe, ibid. brüh über einen haasen, ibid. mehr über mägelein und leberlein, ibid. weiße brüh über hüner und capaunen, ib. grüne brüh über die hüner, ibid. weixel-oder kirsch-suppe, käß-suppe, fol. 475. eine andere, ibid. haber-suppe, muschel-suppe, noch eine andere, ibid. kayser-gerste, ibid. suppe über ochsen-augen, ibid. weinbeer-lein-rosinen-suppe, ibid. pistatzien-suppe, fol. 476. gestossenes von fischen, ibid. gestossenes von gesottenen hünern, ibid. gestossene hüner-oder capauner-suppe, ibid. schwartze suppe über ein schweinen-wild-pret, ibid. gelbe pfeffer-brühe, ibid. sartellen-suppe auf gebratnes, fol. 447. kohl-suppe mit weißen rüben, ibid. blaue kohl-suppe, ibid. fasten-suppe, ibid. rüben-suppe, ibid. gersten-schleim, ibid. eine andere für die krancken, fol. 478. zeller-suppe über eingesottenen capaunen, fol. 502. kräuter-suppe, ibid.

Von allerley koch- und muß.

Citronen-muß, fol. 478. pistatzien-muß, ibid. krebs-muß, fol. 479. schmaltz-muß, ibid. krebs-blat, ibid. mandel-muß, ibid. agres-muß, ibid. aufgegangene quitten-muß, fol. 480. capaun-müßlein, ibid. schüssel-muß von mandeln, ibid. ein müßlein von hüner-lebern, ibid. may-muß, ibid. semmel-muß, fol. 481. mandel-milch-muß, ibid. äpffel-muß, ibid. kalt muß von eyern und milch, ibid. erdbeer-muß, ibid. fisch-muß, fol. 482. grieß-muß, ibid. lungen-muß, ibid. braunes muß von feigen, ibid. müßlein für francke, ibid. reiß-muß, ibid. strauben-muß, ibid. wein-muß, ibid. zwetschken-muß, fol. 483. hüner-muß, ibid. stock-oder wasser-muß, ibid. mandel-reiß-muß, ibid. muß von reb-hünern, magen und leberlein, ibid. das solte aufgelauffene kinder-muß, ibid.

aufgelauffenes sahm-muß, fol. 484. wein-beerlein-muß, ibid. lemonien-muß, ibid. ein anders mit ambra, ibid. zimmet-muß, ibid. ein anders mit mandeln, fol. 485. butter-muß, ibid. spanisch-äpffel-muß, ibid. semmel-muß mit einem eingerührten, ibid. ein kräfftiges rosen-muß, fol. 486. diendel-muß, ibid. weixel-oder kirsch-muß, ibid. torten-muß, ibid. falsche mandel-muß, ibid.

Allerhand milch.

Gesultzte milch, fol. 487. eine andere, ibid. spanische milch, ibid. schnee-milch, ibid. topffen-milch, ibid. reiß-milch, fol. 488. spanische milch, nates genannt, ibid. eine andere, ibid. gebackene milch, ibid. gesultzte mandel-milch, auf allerhand farben, fol. 489. igel von mandeln, ibid.

Von allerhand sultzen oder gallerten.

Hecht-sultz-gallert, f. 489. hollunder-gallert-sultzen, ib. lebkuchen-pfefferkuchen-sultze, ib. sultz-muß, fol. 490. nuß-gallert-sultz, ib. gallert-sultz über fische, ib. weixel-gallert oder kirsch-sultz, ibid. rummel-gallert über einen hecht, ibid. mandel-sultz-gallert, fol. 491. zimmet-sultz-gallert, ibid. rothe korn-blumen-sultz-gallert über forellen oder andere edle fisch, ibid. sultz-gallert auf karpffen, ibid. krebs-sultz-gallert, ibid. rechte rummel-sultz-gallert, ibid.

Von allerhand würsten, knödel, strudel, rc.

Kälberne würste, fol. 492. würste von capaun-und hüner-lebern, ibid. hirsch-würste, ibid. äpffel-pfäntzel, fol. 493. mandel-käß, ibid. eyer-käß, ibid. ein anderer, ibid. knöpfflein von fischen, ibid. mandel-knödel oder klösser, fol. 494. semmel-speck-knödel oder klösser, ibid. gefüllte weixel-oder kirsch-semmel, ibid. würst in der fasten, ibid. kälberne würst, ibid. schweinerne knödel, fol. 495. Fritada, ibid. eyer-pfäntzel, ibid. reiß-und mandel-

mandel-klöſſer, ib. klöſſer von jungen oder alten hüner-fleiſch, ib. aufgegangene ſemmel, ibid. gezupffte klöſſer, fol. 496. aufgelauffene gerben-nudel, ib. milch-rahm-ſtrudel, ib. weixel- oder kirſch-klöſſer, ib. weixelwürſte, ibid. äpffel-klöſſer, fol. 479. hechten klöſſer, ib. ſchlick-kräpffel, noch andere von krebſen, ibid. eyr-kraut, ib. grieß-ſchöberlein, fol. 498. ſpeck-nocken, ib. pfannenkuch, ibid. ein anderer mit ſpeck, noch ein anderer mit ſchuncken und häring, ibid.

Von allerhand warmen ſpeiſen.

Die jungen ſchauf-magen zu kochen, fol. 498. gebackene hüner und tauben, fol. 499. eine andere manier, ibid. hüner oder junges fleiſch in agres-beer, ib. hünlein in ſchwarzer ſuppe, ibid. ein eſſen von lebern, ibid. gute carabanda, ibid. lämmerne dämpffbrätlein, fol. 500. hüner wie haſel-hüner zuzurichten, ibid. rindfleiſch auf engliſch, ibid. ſpaniſche ohlje, ibid. rindfleiſch mit grünen kräutern, fol. 501. fricaſſirte hüner, ibid. zerlegte capaunen-ſpeiſe, ibid. eine andere, ibid. gefüllte lämmerne brüſte, fol. 502. Piccardi von indianiſchen hünern, ibid. Piſque von jungen hünern, ibid. ſpanſau oder ſpan-färckel-würſt, ib. gebratene kälber-bröſzlein in ſartellen-ſuppe, fol. 503. gefüllte birnen, ibid. gefülltes kraut, ibid. gelbe rüben von quitten ibid. gedämpffte hüner, ibid. hüner in gewürtz, ibid. junge hüner in einer ſuppe fol. 504. hüner in lemonien-ſuppe, ibid. geſchärbel über eine junge ganß, ib. kalbs-lebern, gefüllte gedämpffte leber, ibid. kälberne leber-braten, ibid. maurachen, fol. 505. hüner-raviol, ein anderer, ibid. vögel in zwiebeln, ibid. wildprät gut machen, ibid. ſpeiß von weichen hirſch-geweih, ibid. henn oder capaun zu machen, die keine bein haben, fol. 506. gefüllte äpffel, ib. hirſch-zemmer, ibid. ſchweins-kopff, ibid. gefüllter kohl, fol. 507. gefüllte artſchocken, ib. ein andere mit krebſen gefüllt, ibid. bröslein für einen krancken, ibid. ein andere manier, ibid. würſte für einen francken, fol. 508. ein anders, ibid. kalbs-hirn für einen krancken, ib. ein wälſch-panädel, ibid. köchel für krancke, die ſand und ſtein haben, ibid. knödel und würſte von dürren brüner-zwetzſchken fol. 509. ſpenat auf niederländiſch, ibid. wachholder-vögel a la candale ibid. moſt-brätlein ibid.

Allerhand gebratenes.

Gefüllte capaun, fol. 510. auerhän, ibid. hüner braten, daß es ſchmeckt wie rebhüner, ibid. gefüllte lerchen, ibid. gemsſchlegel oder keulen, ibid. rebhüner, ibid. ſpanſau oder färckel zu braten, fol. 511. vögel zuzurichten, ibid. vögel in ſafft braten, ibid. hüner mit mandeln, andere mit krebſen und mandeln gefüllt, ibid. capaun mit friſchen lemonien, wie auch mit auſtern oder ſartellen gefüllt, ibid. wachholder-vögel zu füllen, ibid. aus einem capaun ein faßhan machen, fol. 512. ſchnepffen, indian. zu braten, daß er mürb und weiß ſey, ibid. reb-haſel-hüner, faſthanen zu braten, ibid. lämmer, haaſen braten, ibid. gebratene reh-ſchlegel oder keulen, ibid. indianiſche hüner zu braten, fol. 513. gebratene faßhan, ibid. Stuffada zu machen auf welſch, ibid. mandel-kern über gänß und lungen braten, ibid.

Allerhand back-werck.

Mandel-krapffen, fol. 513. andere im ſchmaltz gebacken, ibid. teig zu gebackenen äpffeln, weixel oder kirſchen, ꝛc. f. 514. brandtküchel, ibid. ſpritz-krapffen, ib. andere von mandel, fol. 515. zucker-ſträubel, ibid. die waffen-kraffen mit mandeln, ibid. ſackkuchen, ibid. rahm-krapffen, fol. 516. drey pfannen-krapffen, ibid. ein eſſen ſo man den faulen hanß nennt, ib. geblätterte golatſchen, ibid. die böhmiſchen, fol. 517. pugatſchen-brodt von kockholcky, ibid. eyerkuchen, fol 518. eyer-bretzeln, ib. büchſen-krapffen, ibid. feigen backen, ibid. gebackene brüßlein ſemmel, ibid. gerben-krapffen, ibid. aufgelauffene haaſen-öhrlein, fol. 519. noch andere, ibid. hirſch-hörner, hirſch-brein zu backen, ibid. krapffen von mandeln backen ohne teig, ibid. krapffen von

von quitten backen, ib. kuchen für krancke, ib. mandeln zu backen, fol. 420. regen-würmer, salbey-straubeln zu machen, ib. wasser-straubeln, fol. 521. gerben-straubeln, äpffel-straubeln, ib. süß-brodt zu machen, ibid. salben-küchel, die nicht schmalzig seyn, ibid. milch-rahm-krapffen, fol. 522. spanisch brodt, ibid. ein anders mit mandeln, ib. zibeben zu backen, b. gebackene petersilge, ibid. brügel-krapffen von gerben-teig, ibid. spiß-krapffen, fol. 523. ein anderer, ibid. wespen-nest, ib. kugel-hopff, fol. 524. gebackene erbes, ibid. oblat mit mandeln zu füllen, ibid. quitten, hollunder backen, ibid. Pafesen von hirsch-marck, ib. güldene schnitten, fol. 525. schnee-ballen, ibid. eine gute speiß von gebackenen bretzeln, ibid. gebackene rosen, ib. hollehippen zu machen, ibid. bauren-küchlein, ib.

Von allerhand pasteten und torten.

Vom groben teig, fol. 525. weissen teig zu grossen pasteten, fol. 526. mörben teig, ib. mörben teig zu überschlagenen pasteten, mandeln rc. ibid. butter-teig. ibid. schüssel-torten-teig, fol. 527. torten-teig von süsser milch, ibid. spanischen teig, fol. 528. öl-teig, wie man dem öl den geschmack benimt, ib. zucker-teig, ib. wie man das gewürtz zu den pasteten zuricht, süß gewürtz, ibid. gesaltzen gewürtz, fol. 529. denen pasteten eine farbe zu geben, ibid. zucker-eyß zu machen, ibid. bericht von der bäckerey, ibid. hammen auf frantzösisch einzuschlagen, ib. auf eine andere art, fol. 530. noch eine andere manier, fol. 531. genueser marck-pastetlein, ibid. hüner in marcks-pasteten, fol. 532. cardinals-pasteten, ibid. englische pasteten, ib. brabantische pasteten, fol. 533. spanische, princessen, italiänische tauben-pasteten, ibid. Alla potrida-pasteten, fol. 534. noch eine andere, ibid. kälberne vögelein zu machen, fol. 535. österreichische tauben-pasteten, ibid. kleine pastetlein, ibid. lungen-braten-pasteten, fol. 536. das pfefferlein zu dieser past. eten, ib. fleisch-pastetlein, fol. 537. eine andere, ib. ungarisch pastetlein, ib. mandel-pastetlein, fol 538. ein gutes pastetlein mit weisser suppe, ibid. öl-pastetlein, ibid. dänische stockfisch-pasteten, ib. pastetlein ohne teig, fol. 539. österreichische hecht-pasteten, ibid. hausen-pasteten, fol. 540. karpffen-pasteten, daß man die gräten auch essen kan, ib. pasteten von hecht-kraut ib. fisch-und krebs-pasteten, fol. 541.

Von allerhand torten.

Torten von mandeln, speck, zimmet, fol. 542. torten von spinat, marck, kälber-nieren, fol. 543. coppenhagische butter-torten, ibid. österreichische blätter-torten, fol. 544. romanische Crostada, ibid. Bianco mangiare-torten, ibid. englische frangipani, milch, milch-rahm, kräuter, germ-torten, fol. 545. und 546. mandel-brodt, ibid. ein anders, ibid.

Allerhand speisen von fischen.

Hecht auf unterschiedliche manier zuzurichten, fol. 547. 548. 549. karpffen in einer suppe, 550. karpffen in gelber oder schwartzen brühe, fol. 551. karpffen zuzurichten, ibid. karffen zu sieden in zwiebeln, öl, ibid. aal zu backen, wie auch zu braten, ibid. rutten einzumachen, fol. 552 huchen oder schäden zu braten, ibid. schäden zuzurichten, ibid. schäden-schwantz zu braten, ibid. sälbling heiß absieden, ibid. ferchen blau absieden in die sultzen, fol. 553. ferchen in öl kochen, ibid. geräucherte oder gesälchte ferchen, ibid. neunaugen oder brücken kochen und backen, ibidem. schleyn absieden, fol. 554. frischen hausen zu braten, abzusieden, und auch in einer suppe, ibid. hausen-knopff, ibid. gefüllte gründel oder gründlinge, fol. 555. frischen lachs in pohlnischer suppe, marinirten, geräucherten, ibid. gesälchte fische zu kochen, ibid. eingemachten biber, wie auch biber-
schwäntze

schwäntze zu kochen, ibid. fische zu braten, fol. 556. laperdon oder stockfisch auf niederländisch zu kochen, ibid. gebratnen, gefüllten, gebacknen stockfisch, ibid. schildkröten, geblätterte blateißken, blateißken auf niederländisch zu kochen, fol. 557. gespickte schnecken in sartellen-suppe, ibid. gehackte schnecken, fol. 558. krebse backen, ibid. krebs-eiterlein, krebs-austern, gefüllte krebse, krebse in butter-suppe, ib. krebs-schmaltz-koch oder muß, fol 559. speise von karpffen-zungen, ibid. wie auch von hecht-lebern und karpffen-blasen, ib. flecke von fisch-mägen, gebratene austern, ib. fisch-obli, fol. 560. geröste austern, fol. 561. meer-spinnen, ib. hausen auch andere fische zu mariniren, auch auf eine andere manier, ibid.

Von allerley sachen.

Vögel einzubaitzen oder einzuweichen, f. 561 schweitzer-käß, fol. 562. lup zu diesem käß, ibid. gesseltzten castraun-schlegel, fol. 563. hammel zu selchen, ibid. geräucherte würste, ibid. zerbelat-würste, fol. 563. westphälische schuncken, ibid. ochsen-zungen, gänse, und schwein-schuncken einzubaitzen oder einzuweichen, fol. 565.

Von candirten und eingemachten sachen.

Zucker und honig läutern, fol. 565. früchte in most einmachen, fol. 566. allerley sachen candiren, ibid. confect weiß und krauß überziehen, fol. 567. zucker-pinat, ib. kräuter- und blumen-werck überziehen, f. 598. aufgeworffenes zucker-werck, ibid. durchsichtige eyß, fol. 569. muscatin lebzelt, auch noch andere biß fol. 572. zu finden. magen-blau veilgen-striezel, ibid. kopff-striezel oder stollen, fol. 573. memorien-gedult-kayserin-lemonien-zeltlein, ibid. weissen quitten-safft, ibid. rothen quitten-safft, fol. 574. rothe quitten einmachen, ibid. spanisch latwerge, ibid. rothe lutwerge, fol 575. quitten-sulzen oder titschen, ibid. durchsichtig quitten-werck, fol. 576. citronen-spalten einmachen, ibid. citronen-kraut, geblätterte citronen, geschabte citronen, ibid. gehächelte citronen, fol. 578. pomerantzen-blüthe, hötzepetschen oder hanbuthen, grüne agres und zwetschken einmachen, ibid. weixel oder kirschen, ribesel, und allerley sachen in zucker einmachen, fol. 579. zwetschken auf confect-schalen, ibid. muscaten-nüsse, alant-wurtzel einzumachen, ibid. ingber, welsche nüsse, pomerantzen oder lemosien-schalen einzumachen, himbeer-morschällen, f. 580. durchsichtiger rosen-zucker, weinschärling-morschällen, galanterie-kräpffel, von zucker zu machen, fol. 581. hobel-späne, böhmische busserlein, aufgelauffene schocolada, springerlein zu machen, f. 582. bauerns krapffen, ibid. musquetier-brodt, fol. 583. geröste mandeln, ibid. grün bätzel oder leb-zelt-laub von pistatzien-teig gemacht, ibid. bätzel zu machen, oder kirschen, ibid. morellen-bätzel, fol. 584. eingemachte weixel zu den gebratenen, ibid. das genuesische in die model von zwetschken, ib. gemeine piscoten, ibid. schn:espiscoten von zucker, fol. 585. pistatzien-piscoten, ibid. gemeine marzepan, ibid. pistatzen-marzepan, ibid. haselnuß-marzepan, ibid. türckisch papier, fol. 586. die lemonadi, ibid. erdbeerswasser zum trincken, ibid. das gestorne von pistatzien, ibid. weixel-oder kirsch-wasser zu machen, ibid. weixel-oder kirsch-esel zu machen, ibid. ribesel und weinschärling-safft zu bereiten, fol. 587. weixel-oder kirsch-oder ribesel-safft zum abgiessen, ibid. zucker-butter, ibid. krebs-butter zu machen, ib. wie man sich im essen und trincken verhalten soll, ibid.

139

Koch-Buch.

Koch-Buch.

Meine Lieblingsgerichte:

Fleisch-Pastete

500 g Kalbfleisch
200 g frischen Speck
2 TL Salz
2 Eigelb
1 Prise Muskatblüte
½ Zitronenschale
2 Tassen Sahne
1 EL Rosinen
1 EL Petersilie
1 Prise Pfeffer

Das Kalbfleisch von der Keule mit dem frischen Speck durch den Fleischwolf (feine Scheibe) drehen. Eigelb und etwas Sahne nach und nach unterrühren. Währenddessen sollte die Masse auf Eis stehen um nicht zu gerinnen. Rosinen, Muskatblüte, Salz, Pfeffer, Zitronenschale und gehackte Petersilie dazugeben. In eine Pastetenform füllen, die mit Teig und Kalbsnetz ausgelegt ist. Als Einlage kann man noch kleine Stückchen von Geflügel oder Lammfleisch in die Pastete geben. Die Pastete mit Teig verschließen, mit Eigelb bestreichen und im Ofen backen. Kurz vor dem Servieren in der Teigdecke eine kleine Öffnung ausstechen und Fleischbrühe mit Butter hineingießen.

Koch-Buch.

Meine Lieblingsgerichte:

Selleriesuppe über einen gesottenen Kapaun

1 große Sellerie-Knolle
1 l Rindfleischbrühe
1/4 l Sahne
8 Stück Semmelscheiben

Sellerie blätterig schneiden und in einer kräftigen Rindfleischbrühe garen. Sahne und geröstete Semmelscheiben dazugeben und dann zu dem gesottenen Kapaun servieren.

Holundersoße

1/2 kg Holunderbeeren (Holler), durch ein Sieb streichen, mit 1/8 l Weißwein, 6 cl Honig, 100 g Zucker, abgeriebener Zitronenschale, etwas Zimt und einer Prise gemahlener Nelken verrühren und in eine Schale geben.

Koch-Buch

Meine Lieblingsgerichte:

2. Auflage

© 2001 Rosenheimer Verlagshaus GmbH & Co. KG, Rosenheim

erschienen erstmals beim Rosenheimer Verlagshaus unter dem Titel „Ein neues und nutzbahres Koch-Buch, in welchem zu finden, wie man verschiedene herrliche und wohlschmäckende Speisen bereiten solle"

Titelbild: Joachim von Sandrart, Der Monat Februar; Staatsgalerie in Schloß Schleißheim, Bayerische Staatsgemäldesammlungen, Foto: Joachim Blauel – ARTOTHEK

Holzschnitte von Jost Amman aus der Staatlichen Graphischen Sammlung, München (Foto: Gabriele Pée)

Alle anderen Holzschnitte sind dem Kochbuch von Marx Rumpolts, 1581 (Bayerische Staatsbibliothek, München) entnommen.

Druck und Bindung: Wiener Verlag, Himberg bei Wien
Printed in Austria

ISBN 3-475-53144-5